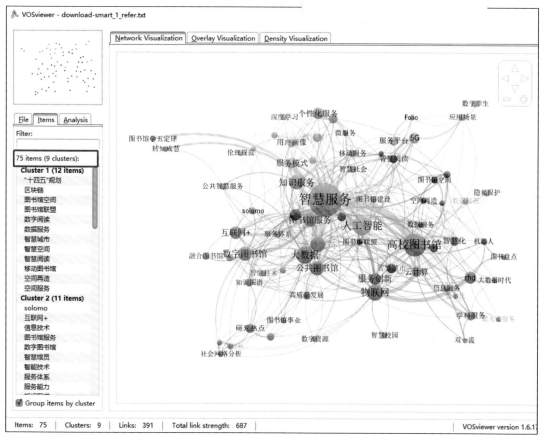

图 3-62

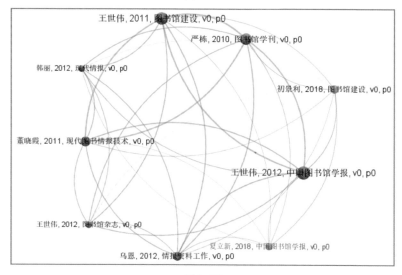

图 3-74

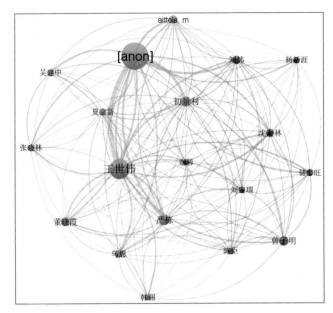

图 3-75

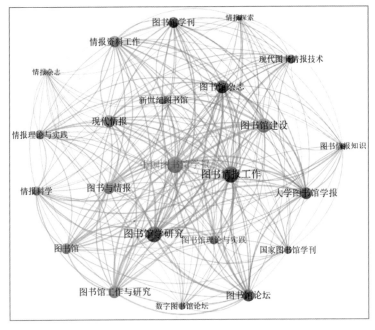

图 3-76

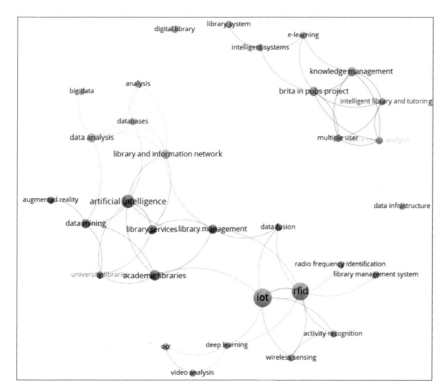

图 3-77

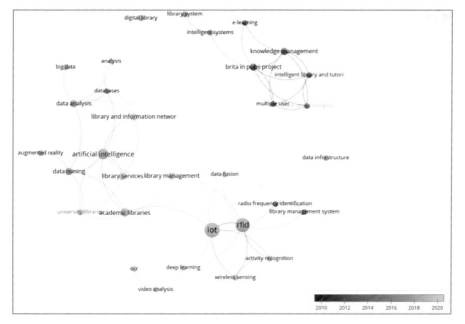

图 3-78

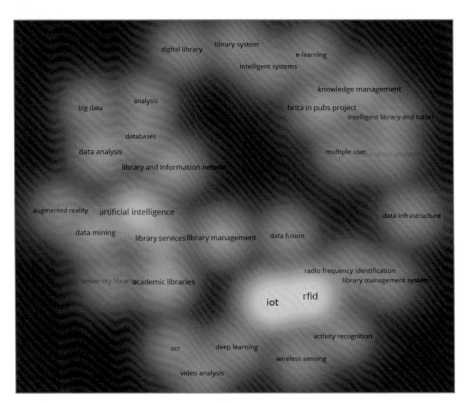

图 3-79

主题演化趋势

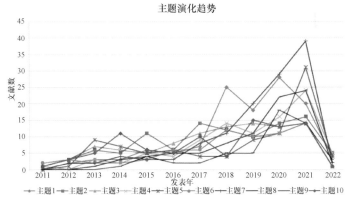

图 6-7

科学知识图谱

·工具、方法与应用·

王大阜◎编著

人民邮电出版社

北京

图书在版编目（CIP）数据

科学知识图谱：工具、方法与应用 / 王大阜编著
. -- 北京：人民邮电出版社，2023.11
ISBN 978-7-115-62442-0

Ⅰ. ①科… Ⅱ. ①王… Ⅲ. ①计算机网络－文献计量
分析 Ⅳ. ①G250.252②TP393.07

中国国家版本馆CIP数据核字(2023)第146231号

内 容 提 要

本书旨在讲述科学知识图谱中常用的工具及其应用。本书首先介绍知识图谱基础知识，智慧图书馆领域中文献题录数据的采集和预处理操作，然后介绍文献计量分析工具 CiteSpace、VOSviewer、HistCite、Bibliometrix 与 SATI 的应用，以及多元统计分析工具 SPSS 和社会网络分析工具 UCINET 的应用，最后阐述 LDA（Latent Dirichlet Allocation，隐狄利克雷分配）主题模型的应用。

本书适合科研人员、科研管理者和科学知识图谱爱好者阅读。

◆ 编　著　王大阜
　　责任编辑　谢晓芳
　　责任印制　王　郁　焦志炜
◆ 人民邮电出版社出版发行　北京市丰台区成寿寺路 11 号
　　邮编　100164　电子邮件　315@ptpress.com.cn
　　网址　https://www.ptpress.com.cn
　　大厂回族自治县聚鑫印刷有限责任公司印刷
◆ 开本：800×1000　1/16　　　　彩插：2
　　印张：13　　　　　　　　　　2023 年 11 月第 1 版
　　字数：293 千字　　　　　　　2023 年 11 月河北第 1 次印刷

定价：79.80 元

读者服务热线：(010)81055410　印装质量热线：(010)81055316
反盗版热线：(010)81055315
广告经营许可证：京东市监广登字 20170147 号

作者简介

　　王大阜，中国矿业大学图书馆工程师，从事校园网数据中心和信息化的建设与运维工作十余年，在运维、软件开发以及网络安全管理等方面具有丰富的实践经验，并从事过"网页开发""C#程序设计"两门课程的教学工作。研究方向包括科学知识图谱、机器学习及网络安全，已发表论文数篇，主持一项江苏省高校哲学社会科学研究项目，参与研究一项江苏省高校哲学社会科学研究项目，参与研究一项国家社会科学基金项目。

前　言

　　知识是人类对信息进行归纳和总结而获得的结论，而眼睛是人类获取知识的一种重要感官。"一图展春秋，一览无余；一图胜万言，一目了然。"美国德雷克塞尔大学的陈超美教授形象地对科学知识图谱的效能进行了诠释。科学知识图谱用于对复杂的科学知识进行可视化，旨在以可视化的方式展示科学知识的演进历程和结构，识别科学领域的研究热点、研究前沿并展望未来发展趋势。

　　随着科学的进步，各个领域产生了大量的科技文献。科研人员在科研创作的过程中需要对大量文献进行整体的梳理与分析，从而把握科学发展状况并寻求学术突破口。然而，由于文献数据日益庞大繁杂，并且缺乏有效的分析手段，因此科研人员面临"信息迷航"的局面和困扰。在此背景下，一种有效地获取知识、发现知识和探测知识前沿的知识服务手段——以知识单元为基础的科学知识图谱方法蓬勃发展，并逐渐成为情报学、科学计量学和计算机领域的一个交叉研究领域。

　　当前，科学知识图谱工具层出不穷，按照设计原理和功能，可以分为以下 4 类：

- 文献计量分析工具，如 CiteSpace、VOSviewer、HistCite、SATI 等；

- 多元统计分析工具，如 SPSS；

- 社会网络分析工具，如 UCINET、Pajek 等；

- 数据预处理工具，如 BICOMB、BibExcel 等，此类工具实际上是研究科学知识图谱的辅助工具，用于提取知识单元并生成知识单元的共现矩阵。

　　作者通过大量的文献调研选择 6 种关注度较高的工具——BICOMB、SATI、CiteSpace、HistCite、SPSS、UCINET。此外，就文献主题的挖掘功能而言，可通过相关工具对关键词进行聚类操作，或者通过自然语言处理领域的主题模型编程实现。

　　本书以智慧图书馆为研究对象。智慧图书馆一词由芬兰奥卢大学学者艾拓拉提出，他指出智慧图书馆是一个不受空间限制且可被感知的移动图书馆。上海社会科学院信息研究所的王世伟认为，智慧图书馆以数字化、网络化、智能化的信息技术为基础，以互联、高效、便利为主要特征，以绿色发展和数字惠民为目标，是现代图书馆科学发展的理念与实践。

近年来，国内掀起对智慧图书馆的研究热潮，但是关于国内外智慧图书馆的研究现状及研究热点的探讨文章仍然比较少见。本书以智慧图书馆领域的文献题录作为示例，借助多种科学知识图谱工具对其进行分析与解读，探究其中蕴含的知识。作者在撰写本书时，对本书的结构进行了认真构思，旨在将知识完整、准确地呈现给读者。

本书共 6 章。

第 1 章介绍科学知识图谱的概念、研究方法、研究意义、图谱绘制与解读流程、相关工具等。

第 2 章讲述数据的采集与预处理。

第 3 章介绍文献计量分析方法中的常用工具。

第 4 章讨论多元统计分析中常用工具 SPSS 的应用，其中还提及数据提取工具 BICOMB 的应用，BICOMB 用于对题录数据进行提取并输入 SPSS。

第 5 章介绍社会网络分析中常用工具 UCINET 的应用。

第 6 章讨论如何利用 LDA 主题模型对文本数据进行挖掘。

本书不仅介绍引文分析、多元统计分析、社会网络分析以及 LDA 主题模型的基本原理和方法，还对主流工具和主题模型的应用展开论述，旨在为广大的科研工作者和科学知识图谱爱好者提供参考。

感谢我的家人，尤其是我的爱人彭妍秋女士对我莫大的支持和鼓励，让我能够拥有研究和写作的恒心与信心。感谢我的同事和朋友，在和他们的交流中，我受到了莫大的启发，得到了莫大的帮助。感谢人民邮电出版社的编辑。

在撰写本书的过程中，尽管我力求内容详尽、数据精确、解读全面，但因水平有限，书中难免会存在一些纰漏，在此恳请各位读者批评与指正，相关信息请发送到电子邮箱 wdf@cumt.edu.cn。

王大阜

服务与支持

本书由异步社区出品，社区（https://www.epubit.com）为您提供后续服务。

提交勘误信息

作者和编辑尽最大努力来确保书中内容的准确性，但难免会存在疏漏。欢迎您将发现的问题反馈给我们，帮助我们提升图书的质量。

当您发现错误时，请登录异步社区，按书名搜索，进入本书页面，单击"发表勘误"，输入相关信息，单击"提交勘误"按钮即可，如下图所示。本书的作者和编辑会对您提交的相关信息进行审核，确认并接受后，您将获赠异步社区的 100 积分。积分可用于在异步社区兑换优惠券、样书或奖品。

与我们联系

我们的联系邮箱是 contact@epubit.com.cn。

如果您对本书有任何疑问或建议，请您发邮件给我们，并请在邮件标题中注明本书书名，以便我们更高效地做出反馈。

如果您有兴趣出版图书、录制教学视频，或者参与图书翻译、技术审校等工作，可以发邮件给我们；有意出版图书的作者也可以到异步社区投稿（直接访问 www.epubit.com/contribute 即可）。

如果您所在的学校、培训机构或企业想批量购买本书或异步社区出版的其他图书，也可以发邮件给我们。

如果您在网上发现有针对异步社区出品图书的各种形式的盗版行为，包括对图书全部或部分内容的非授权传播，请您将怀疑有侵权行为的链接通过邮件发送给我们。您的这一举动是对作者权益的保护，也是我们持续为您提供有价值的内容的动力之源。

关于异步社区和异步图书

"异步社区"是人民邮电出版社旗下 IT 专业图书社区，致力于出版精品 IT 图书和相关学习产品，为作译者提供优质出版服务。异步社区创办于 2015 年 8 月，提供大量精品 IT 图书和电子书，以及高品质技术文章和视频课程。更多详情请访问异步社区官网 https://www.epubit.com。

"异步图书"是由异步社区编辑团队策划出版的精品 IT 专业图书的品牌，依托于人民邮电出版社的计算机图书出版积累和专业编辑团队，相关图书在封面上印有异步图书的 LOGO。异步图书的出版领域包括软件开发、大数据、人工智能、测试、前端、网络技术等。

异步社区

微信服务号

目　　录

第1章 科学知识图谱概述

在"大数据科研"时代，科研人员面对海量的文献，希望从中挖掘有价值的信息。然而，传统的文献计量方法会耗费科研人员大量的时间和精力，而且凭个人的主观经验判断，难免会获取错误的信息和知识。随着信息技术的迅速发展，采用知识管理和信息可视化技术，对科技文献信息进行处理与分析，进而高效、准确地获取知识的科学计量学逐渐成熟，它以可视化的方式解读和认知科学领域知识，受到广大科研人员的青睐。

2003 年美国国家科学院组织的"Mapping Knowledge Domains"讨论会为科学计量学中的知识图谱和可视化研究拉开了序幕。在国内，大连理工大学的陈悦、刘则渊于 2005 年率先将 Mapping Knowledge Domains 翻译为"科学知识图谱"，并发表了国内第一篇关于科学知识图谱的研究文献"悄然兴起的科学知识图谱"。此后，国内科学知识图谱的研究热度一直持续增长。科学知识图谱在近 20 年中广泛应用于各个领域，为科研人员高效识别重要的研究成果、揭示知识演化发展脉络、研究热点与前沿等提供科学的技术手段。

1.1 知识图谱的概念

知识图谱（knowledge graph）一词最早起源于科学计量学，全称为科学知识图谱。近年来，随着人工智能技术的发展，一种用于描述和建模世界万物之间关系的知识图谱成为学术界和工业界的研究热点，在相关专著、论文中，它通常也简称为知识图谱，因此很容易使人混淆。为了进行有效区分，本书将知识图谱分为科学知识图谱和语义知识图谱两种类型。两者虽然都属于知识管理应用范畴，都需要针对知识单元进行知识组织，并将知识进行可视化，但本质上两者不指代同一种事物，它们在概念起源、知识构建方法和应用场景等方面均存在较大差异。

1.1.1　科学知识图谱

国内学者对科学知识图谱的定义已达成一定共识,认为它不仅是一种揭示科学知识的发展进程与结构关系的图形,还是一种发现知识的方法。不同学者对科学知识图谱概念表述的侧重点有所差异,以刘则渊等为代表的学者认为知识图谱是一种图形,它侧重于表达,图形是知识图谱的重要表现形式;以秦长江等为代表的学者强调知识图谱的学科基础(应用数学、计算机科学、科学学、信息科学、统计学、图形学等)及绘制方法(引文分析、共现分析、社会网络分析等)。表 1-1 所示是陈悦、刘则渊、梁秀娟、秦长江、杨国立这 5 位学者给出的科学知识图谱概念表述。

表 1-1　科学知识图谱概念表述

学者	概念表述
陈悦	科学知识图谱是一种显示科学知识的发展进程与结构关系的图形,当它在以数学方程式表达科学发展规律的基础上进而以曲线形式将科学发展规律绘制成二维图形时,便成为最初的知识图谱
刘则渊	科学知识图谱是一种以科学知识为对象、显示科学知识的发展进程与结构关系的图形。它可视化地描述人类拥有的知识资源及其载体,绘制、挖掘、分析和显示科学技术知识以及它们之间的联系,在组织内创造知识共享的环境以促进科学技术研究的合作和深入
梁秀娟	科学知识图谱以科学知识为计量研究对象,通过数据挖掘、信息处理、知识计量和图形,以可视化的方式显示科学知识的发展进程与结构关系,揭示科学知识及其活动规律
秦长江	科学知识图谱是一种把应用数学、图形学、信息可视化技术、信息科学等学科的理论和方法与科学计量学的引文分析、共现分析等方法结合,用可视化的图谱形象地展示学科的核心结构、发展历史、前沿领域及整体知识架构的多学科融合的研究方法
杨国立	科学知识图谱是一种把应用数学、计算机科学、科学学、信息科学等学科的理论和方法与科学计量学的引文分析、共现分析、社会网络分析等方法结合,用可视化的图谱形象地揭示科学发展进程和结构关系的研究方法

在科学知识图谱中,获取知识的数据源自涵盖期刊论文、会议论文、学位论文等科技文献的数据库,数据采集的粒度是数据库中半结构化的题录信息,包括文献相关的发表者(作者)、发表机构(机构)、发表载体(期刊)、知识点(关键词)等字段,也称作知识单元,相当于语义知识图谱中提及的实体概念。科学知识图谱依托引文分析、共现分析、社会网络分析、多元统计分析等研究方法,对知识单元进行关联分析。

在可视化图谱中,将知识单元看作节点,根据知识单元是否存在共现、引用、耦合等关系,确定节点间是否存在边连接,从而构建不同的实体关系网络,例如,关键词共现网络(即共词网络)、共被引网络、耦合网络、合作网络、引文时序网络等。科学知识图谱的主要功能包括追踪学科研究前沿、探测学科研究热点、分析学科演化历程、考查科研合作关系、评价学者影响力、辅助科研工作决策等。

　　部分中外文数据库平台利用科学知识图谱的原理构建可视化图谱，例如，国内万方数据知识服务平台提供的分析平台（见图1-1），支持对主题、学者、机构等维度进行分析。

图1-1　万方分析平台首页

图1-2展示了中国矿业大学与其他高校间的机构合作网络图谱。

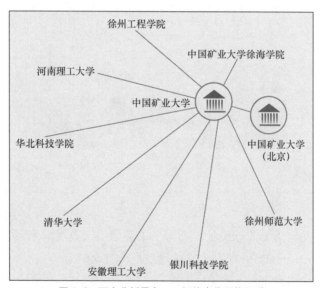

图1-2　万方分析平台——机构合作网络图谱

1.1.2　语义知识图谱

　　2012年谷歌公司发布了知识搜索产品——知识图谱，提出"things，not strings"的理念，意为用户搜索到的结果，除展现与关键词匹配的网页之外，还会展现与人名、地名、机构等实体相关的结构化信息。此外，搜索引擎可以回答用户提出的一些简单问题，如"苏轼是哪个朝代的"。随后，国内外大型互联网公司也相继推出知识搜索产品，例如，百度知心、搜狗知立方、微软 Bing Satori 等。

如图 1-3 所示,用户在搜狗搜索引擎中输入"苏轼",按 Enter 键,网页头条则会出现与苏轼相关的基本状况、家庭关系以及代表作品等信息。

图 1-3 搜狗知识搜索

语义知识图谱的发展历史源远流长,起源于由美国心理语言学家奎廉(Quilian)于 1968年提出的语义网络(semantic network),它是通过概念(concept)及其语义关系来表示知识的一种有向或无向的网络图。随着本体论、万维网、语义网等技术的发展,语义网络最终演化到语义知识图谱。

谷歌知识图谱是为实现智能化检索而建立的知识库,是语义知识图谱的一种具体应用。语义知识图谱是基于图模型描述和构建世界万物之间的关联关系的大规模语义网络。语义知识图谱由节点和边组成,节点代表实体(entity)、概念或值(value),边代表实体、概念间的语义关系或实体属性(property)。

图 1-4 所示是以苏轼为实体的人物关系知识图谱样例。

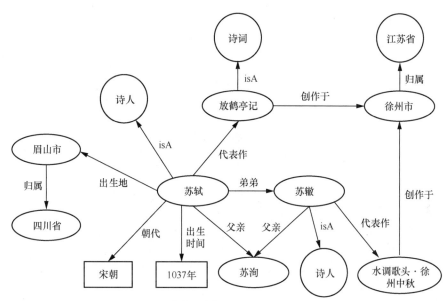

图 1-4 以苏轼为实体的人物关系知识图谱样例

语义知识图谱的构建涉及知识来源、知识表示、知识获取、知识存储、知识融合等流程。知识数据来源于关系数据库中的结构化数据、存储用户行为信息的日志文件中的半结构化数据、网页文本中的非结构化数据等。知识表示通常使用资源描述框架（Resource Description Framework，RDF）作为数据模型构建结构化的三元组，格式如<主语，谓语，宾语>，表示主体和客体之间存在谓词所表达的关系，众多的关系链接共同构成一个复杂的、巨大的网络图谱。

随着深度学习（deep learning）技术的兴起，表示学习方法可以将知识表示为稠密、低维的实值向量，以解决计算效率低下和数据稀疏性高的问题。知识获取是语义知识图谱构建的核心技术，数据源中隐含大量的实体和关系实例，知识获取是指对其进行命名实体识别（Named Entity Recognition，NER）、关系抽取（Relation Extraction，RE）和事件抽取（Event Extraction，EE）等信息抽取子任务处理。

在当前大数据和深度学习计算模型的强力驱动下，实现大规模的知识获取已成为可能。知识图谱的存储方式分为 3 类——使用关系数据库、使用 RDF 数据库和使用以 Neo4j 为代表的图数据库。其中图数据库以图模型这种直观的知识表达方式存储和查询数据，它在处理大规模知识图谱时的性能表现较卓越，因此目前非常受欢迎。

知识融合是将多源异构知识进行合并的过程，解决知识图谱异构造成的信息无法共享和交互等问题，例如，中文百科知识图谱 CN-DBpedia 主要从百度百科、中文维基百科等异构知识库中抽取知识并进行概念融合、实体对齐、属性（包括关系）对齐和属性值融合。

语义知识图谱被学界和业界广泛应用，在通用领域和垂直领域中催生出各种类型的知识图谱，包括 Wikidata、Freebase、DBpedia 等百科知识图谱，Cyc、ConceptNet 等常识知识图谱，WordNet、HowNet 等词汇知识图谱以及电商、医疗、金融、教育等特定领域的知识图谱。随着大数据、人工智能技术的发展，知识图谱被应用于智能问答、决策支持、辅助大数据分析及个性化推荐等场景。

综上所述，科学知识图谱和语义知识图谱的差异较大。

表 1-2 所示是科学知识图谱与语义知识图谱的比较结果。

表 1-2　科学知识图谱与语义知识图谱的比较结果

比较项	科学知识图谱	语义知识图谱
知识来源	科技文献数据库，以手动下载为主要采集方式	关系数据库、网页、文本等，以自动采集为主要采集方式
知识表示	采用关系矩阵描述实体（作者、机构、期刊等）及实体间的关系	采用 RDF 三元组描述世间万物及其关系
知识存储	关系矩阵文件、网络文件	关系数据库、RDF 数据库和原生图数据库
知识融合	通常仅涵盖某学科或领域的知识	融合多源的领域数据，从而扩大知识规模
知识查询	不支持查询	当以 RDF 数据库存储知识时，支持 SPARQL 查询；当以 Neo4j 图数据库存储知识时，支持 Cypher 查询
知识应用场景	梳理科学发展脉络、评价学术成果、跟踪研究前沿、分析科研合作关系等	以检索、问答、推理应用为主

1.2　科学知识图谱的研究方法

科学知识图谱的研究方法主要包括文献计量分析、多元统计分析、社会网络分析、自然语言处理以及主题模型分析。其中前 4 种方法较成熟，当前科学知识图谱工具都基于这些方法进行设计与开发。主题模型是自然语言处理领域中常用的语义数据模型，用于从文本提取和挖掘隐含的语义信息，代表性的应用是识别学科领域所涉及的研究主题，从而揭示学科研究的知识结构和演化过程。

表 1-3 所示是对前 4 种研究方法的说明。

表1-3　对科学知识图谱相关研究方法的说明

研究方法	研究对象	子方法	研究目的
文献计量分析	施引文献、参考文献	共被引分析	揭示学科研究基础与研究前沿，探测重要科学共同体以及高影响力的核心文献（群体）、作者（群体）、期刊（群体）
		耦合分析	分析研究内容相似的文献、作者、期刊群体
		引证关系分析	分析高影响力文献，梳理学科发展脉络
	关键词	共词分析	通过高频词、突现词揭示研究热点与前沿，通过共词聚类揭示研究主题
多元统计分析	关键词	因子分析	对变量（关键词）进行降维，用少量的因子代表多个变量
		聚类分析	对高频关键词按照关联密切程度进行分类，每个分类表示某研究主题
		多维尺度分析	通过二维平面空间展示关键词节点的距离（相似性）
社会网络分析	科研合作网络	中心度分析	揭示作者、机构等知识单元的影响力
		凝聚子群	基于可达距离（边数）和度数划分作者、机构等单元
		网络密度	衡量作者、机构之间合作的紧密程度
自然语言处理	文本	主题模型	揭示研究主题、热点主题及主题演化历程

1.3　科学知识图谱的研究意义

1.3.1　学科分析研究

美国哲学家库恩（Kuhn）指出，"一种范式通过革命向另一种范式的过渡，便是成熟科学通常的发展模式"，并形成了一套科学发展模式理论，科学发展本质上是前科学（前范式）→常规科学（范式积累）→科学革命（范式变革）→新常规科学（新范式形成）的交替过程。学科前沿对学科领域的发展具有重要的推动作用，是为解决研究领域内关键问题而受到学者关注的最新研究。

美国科学家普赖斯（Price）最早提出"研究前沿"概念，用于描述研究领域的动态本质，即科学领域不断继承与创新的现象，他认为研究前沿是由科学家积极、频繁引用的少量文献体现的，经过大量研究，他认为某个研究前沿由最近发表的40~50篇论文组成。

对于学术机构（高校与科研院所）而言，科学知识图谱可以辅助科研人员就其从事的科研领域，探究发展脉络，追踪研究前沿，并为科研选题和发现学术增长点提供参考依据，从而显著提升科研工作效率。

图1-5展示了2003—2022年我国知识图谱领域发文趋势。

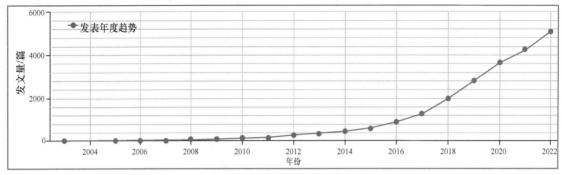

图 1-5　知识图谱领域发文趋势

由图 1-5 可见，从 2010 年开始，发文量逐年递增。

此外，根据相关数据，图书情报与数字图书馆方面的发文量最高，其次是计算机方面的，发文量所占比例分别为 32.84% 和 17.81%。这表明知识图谱在各个领域（尤其是在图书情报领域）广泛应用，这对于研究并促进学科发展有着重大作用。

1.3.2　科研合作网络分析

科研的合作不仅是合作的一种特殊形式，还是学术界基本、常见的特征。科研合作网络（scientific collaboration network）的概念由物理学家纽万（Newwan）提出。随着科技的飞速发展，科研活动中学科的交叉日益加深，复杂的科研问题仅凭个体的知识、能力、设备和资源难以应对，必须通过科研合作的方式来解决。学者之间在科研项目、学术会议和撰写论文或图书等方面的交流与协作更频繁，而且大多数学者通过个人社会关系，选择相互熟识的师生、同事、朋友等作为其合作学者，从而进行跨学科、跨专业甚至是跨机构的合作，并逐渐形成关系稳定的科研合作关系。

科研合作能够增进学者之间的交流与协作，巩固或扩展个人的社会关系，促进知识（尤其是隐性知识）的整合、传播、转化及共享。合著论文不仅是科研合作成果主要的表现形式，还是构建科研合作网络（同一篇合著论文中的多位学者的协作关系可形成相互关联的网络）的重要依据。

普赖斯指出，"科研合作已成为当今科学发展的重要动力。"换言之，科研合作网络的建立，标志着科研成果产出能力的不断增强，从本质上可认为建立科研合作网络是一种现代科学研究的生产方式。很多研究表明，大多数的高产学者在合作网络中是非常活跃的，学者的科研产出与其在合作网络中的合作程度存在显著的正相关关系。

除探究学者间的合作情况之外，科研合作网络还可以根据学者所在的机构、国家属性特征，反映机构间和国家间的合作关系，从而探究机构间和国家间的合作情况。使用知识图谱对科研合作网络进行分析，为识别影响力高的作者与寻找科研团队、学术带头人提供决策支持。

此外，科研合作网络与合作学者推荐密切相关。合作学者推荐是指给目标学者寻找潜在的合作学者，从而促进学者间的合作。目标学者和合作学者的学术能力与研究兴趣相当，两者经历过历史科研合作或存在间接的合作关系。

1.3.3　学科建设评估

一流学科建设是高校人才培养与科学研究的重要基础和衡量标准，受到高校及政府部门的高度重视。科研能力是高校核心竞争力的体现。要了解自身的科研能力，高校必须借助工具或平台，通过学科分析与评价做出准确的定位，明确自身的优势和不足，从而为学科的建设和发展制定相应的战略举措。

基本科学指标（Essential Science Indicator，ESI）是科睿唯安（Clarivate）公司基于 WOS（Web Of Science）核心合集数据库建立的深度分析型研究工具。

ESI 将所有科研成果按 22 类学科划分，可以确定全球范围内在各学科中有影响力的国家、机构、论文和出版物。通过 ESI，高校可以对科研产出能力进行统计分析，包括高被引论文、热点论文、篇均被引次数以及学科排名，从中发现高校未来需要着重发展的弱势学科。

再例如，全国各大高校图书馆建设的机构知识库（Institution Repository，IR）能够自动同步采集、存储并展现校内学者的学术数据，包括基本信息、科学指标信息以及论文、专利、著作、科研项目等形式的学术科研成果。

此外，兰州大学采用的商用机构知识库产品 CSpace 等类似产品还支持可视化关键词共现图谱、校内学者之间以及本校与校外机构的合作网络图谱。

高校可以借助机构知识库产品或其他工具分析本校各学科的研究主题、科研成果产量和引用量，对标国内外一流大学对应学科的研究状况，通过加强纸本及电子文献资源建设、加强校内与校外科研合作交流等方式，促进弱势学科（尤其是弱势分支领域）的发展，以向一流学科行列迈进。

1.4　科学知识图谱的绘制与解读流程

科学知识图谱的绘制与解读分为以下 4 个步骤。

（1）确定研究对象，研究对象可以是某个学科或者是某个研究领域。

（2）选择数据源，进行数据采集及数据预处理。常见的中文文献数据库主要是 CNKI 和 CSSCI，英文文献数据源主要是 WOS。数据采集分为手动下载和爬虫抓取两种方式。由于目前国内外各大数据库商对于高并发访问、下载以及爬虫行为均有所限制，以及数据库中存在一些与研究主题无关的文献，因此大多数学者选择采取手动导出的方式进行数据采集。数据清洗是大数据分析中提升数据质量的首要环节，在科学知识图谱领域同样如此。除与工具自身有关之外，知识可视化的可靠性还依赖数据的质量。即使非常权威的 WOS 数据库也存在数据题录格式和数据项缺失的问题，因此采集到的数据还需要经过数据预处理（包括查漏补缺、区分同名作者、归一化机构名、文献去重以及格式转换等操作）才能用于分析。

（3）选取知识图谱工具，根据分析需求，选取不同知识单元，绘制科研合作网络、共词网络、共被引网络、引文时序网络、多维尺度等可视化图谱。其中，科研合作网络、共词网络及共被引网络都是基于知识单元的共现关系将其矩阵化并标准化的图谱；引文时序网络是基于时间线和引证关系的图谱；多维尺度是基于距离的图谱。此外，若绘制出的图谱中的节点数庞大，需要进行阈值设置，从中筛选出高频关键词、高产作者、高被引作者等重要节点，以揭示学科领域中具有研究意义的知识。高产作者的界定标准可参考普赖斯定律及公式，其余节点的阈值设置没有明确的界定标准。

（4）对图谱进行科学解读。可视化的目的不是展示图形，而是洞察，这需要结合研究领域的专业知识背景，通过定性、定量的方法分析和揭示学科领域的研究热点、演化历程、核心作者、核心机构、核心期刊（群体）等。核心节点在网络结构中占据着重要的地位。关于核心的界定，我们可以从频次计数、频次变化率、网络影响力角度出发，分别以出现频次、突现值以及中介中心度这 3 种测量指标作为判断依据。注意，CiteSpace 内置了这 3 种指标，而且突现值是 CiteSpace 特有的指标，中介中心度指标要借助社会网络分析工具来计算。通常由于研究者的认知能力不同，因此解读结果会不同。建议读者在熟悉图谱工具功能的基础之上，结合学科背景知识，赋予可视化图谱科学和规范的解读。

科学知识图谱的绘制与解读流程如图 1-6 所示。

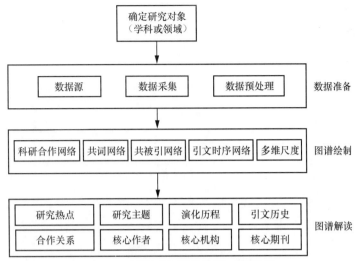

图 1-6　科学知识图谱的绘制与解读流程

1.5　科学知识图谱工具

目前，科学知识图谱工具层出不穷，据不完全统计，用于绘制科学知识图谱的工具不少于 30 种。按照软件设计的原理方法划分，大致可以分为 4 类——文献计量分析工具、多元统计分析工具、社会网络分析工具以及数据预处理工具，它们的分析方法、支持的数据格式以及功能各不相同。

表 1-4 所示是关于常用知识图谱工具的说明。

表 1-4　关于常用知识图谱工具的说明

工具	分析方法	支持的题录数据格式	功能说明
CiteSpace	文献计量分析	WOS（支持多种数据转换）	共现分析、聚类分析、共被引分析、耦合分析、时间线分析、突变检测
VOSviewer	文献计量分析	WOS、Scopus、PubMed、Dimensions、Lens、RefWorks、EndNote、RIS	共现分析、聚类分析、共被引分析、耦合分析
HistCite	文献计量分析	WOS	统计作者、机构、期刊的文献信息，绘制引文时序网络
SATI	文献计量分析	CNKI、CSSCI、WOS、万方、维普	桌面版提供预处理（生成相关矩阵、相异矩阵）功能，在线版提供共现分析、聚类分析、共被引分析、词云等功能
Bibliometrix	文献计量分析	WOS、Scopus、PubMed、Dimensions、Lens	共现分析、聚类分析、共被引分析、耦合分析、多维尺度分析、战略坐标分析
SPSS	多元统计分析	数据表	多维尺度分析、因子分析、聚类分析

续表

工具	分析方法	支持的题录数据格式	功能说明
UCINET	社会网络分析	矩阵、Pajek NET、UCINET DL	网络可视化分析（关键词、机构、作者共现）
Gephi	社会网络分析	GEXF、GraphML、GML、Pajek NET、UCINET DL	网络可视化分析（关键词、机构、作者共现）
Pajek	社会网络分析	Pajek NET、UCINET DL	网络可视化分析（关键词、机构、作者共现）
BICOMB	数据预处理	CNKI、CSSCI、WOS	文献计量与可视化预处理（生成共现矩阵、词篇矩阵）
BibExcel	数据预处理	WOS（CNKI、CSSCI 需要转换成 WOS 格式）	文献计量与可视化预处理（生成共现矩阵，提取、导出.net 文件）

　　根据科研人员的关注度,本书重点介绍 CiteSpace、VOSviewer、HistCite、SATI、Bibliometrix、UCINET、SPSS 与 BICOMB。此外,科研人员通常热衷于对科技文献中所涉及的研究主题进行提取分析,为此,本书第 6 章将介绍如何使用自然语言处理技术中的 LDA 主题模型提取研究主题、确定热点主题及揭示主题演化历程等。

1.6　本章小结

　　本章首先介绍了知识图谱的概念、科学知识图谱的研究方法及研究意义,并围绕科学知识图谱与语义知识图谱的概念与区别进行论述,避免读者在阅读知识图谱领域相关文献时产生歧义。其次,本章介绍了科学知识图谱的绘制与解读流程。最后,本章对主流工具所支持的题录数据格式及功能做了介绍。

第2章　数据采集与预处理

数据是科学计量、数据挖掘和图谱生成的源泉，而数据的质量（权威性和准确性）是影响分析结果可靠性的关键因素。文献数据的采集是科研分析的基础，与专著、研究报告、会议论文比较，学术期刊具有科学研究成果公布、传播、积累、评价等功能。

对学术期刊（尤其是核心期刊）的文献进行分析是把握学科研究结构和发展动向的一种有效技术手段。期刊论文数据采集的方法是通过访问中文、外文文献数据库，采用由字段和布尔逻辑符组成的检索策略进行检索，针对检索结果，过滤、剔除非学术性和与领域无关的文献，最后将其导出成各种文献题录格式的文本文件，题录数据包含题名、作者、关键词、摘要等字段信息。

本章结合智慧图书馆，介绍 CNKI（China National Knowledge Infrastructure，中国国家知识基础设施，即中国知网）、CSSCI（Chinese Social Sciences Citation Index，中文社会科学引文索引）及 WOS 这三大数据库的数据采集与预处理方法。

2.1　数据库简介

2.1.1　三大数据库

1. CNKI 数据库

CNKI 数据库于 1999 年由清华大学和清华同方建立。CNKI 采用自主开发的方式建立了CNKI 网络资源共享平台，该平台是涵盖学术期刊、学位论文、年鉴、图书、报纸、会议、标准、科技成果、专利及其他特色资源和国外资源的学科总库。其中，中文期刊全文数据库（Chinese Journal Full-Text Database，CJFD）是目前世界上最大的连续动态更新的中国期刊全文数据库，是"十一五"国家重大网络出版工程的子项目，内容覆盖自然科学、工程技术、农业、哲学、医学、人文社会科学等领域。

2. CSSCI 数据库

CSSCI 数据库由南京大学中国社会科学研究评价中心开发研制，用来检索中文人文社会科学领域的论文收录和被引用情况。根据文献计量学规律，CSSCI 采用定量与定性相结合的方法从全国中文人文社会科学学术性期刊中精选出学术性强、编辑规范的期刊作为来源期刊，目前收录包括法学、管理学、经济学、历史学、政治学等在内的 500 多种学术期刊。

3. WOS 数据库

WOS 数据库是科睿唯安公司开发的引文索引数据库，数据来源于期刊、图书、专利、会议录、网络资源（包括免费开放资源）等，包括自然科学（SCI）、社会科学（SSCI）、艺术与人文学科（A&HCI）三大引文库和两个化学数据库（CCR、IC），以及科学引文检索扩展版（SCIE）、科技会议录文献引文索引（CPCI-S）、社会科学和人文科学会议录文献引文索引（CPCI-SSH）3 个引文数据库。

2.1.2 OA 数据库

1. PubMed

PubMed 属于开放获取（Open Access，OA）资源，是美国国家医学图书馆（National Library of Medicine，NLM）所属的国家生物技术信息中心（National Center for Biotechnology Information，NCBI）开发的免费生物医学信息检索系统，该系统提供的数据库来源为 MEDLINE，MEDLINE 数据来自 1950 年以来世界上 70 多个国家的 4300 多种主要生物医学文献的书目索引和摘要，内容涵盖生物医学和生命科学、生物工程、公共卫生、临床护理及动植物科学等领域。

2. arXiv

arXiv 属于开放获取资源，是由美国国家科学基金会和美国能源部资助，在美国洛斯阿拉莫斯国家实验室建立的电子预印本文献库，是一个专门收集物理学、数学、计算机科学和生物学学术论文电子预印本的开放存储库。

2.1.3 其他数据库

1. Scopus

Scopus 数据库由 Elsevier 公司于 2004 年 11 月推出，是目前全球规模最大的摘要和引文数据库之一，涵盖科学、技术及医学方面的期刊。该数据库收录了来自全球几千家出版社的出版物，文献类型包括期刊、会议论文、丛书、专利等，数据最早可回溯至 1823 年。

2. Derwent

Derwent 专利数据库由英国德温特公司与 ISI 公司合作开发，数据来自世界上 40 多个专利机构授权的 1460 多万项基本发明、3000 多万条专利，数据最早可回溯至 1963 年。

3. ADS

天体物理数据系统（Astrophysics Data System，ADS）由美国国家航空航天局（National Aeronautics and Space Administration，NASA）创建，包含天文学、天文物理学、物理学 3 类数据，大部分数据是关于书目的。

4. Dimensions

Dimensions 数据库由英国 Digital Science 公司于 2018 年 1 月发布，该数据库收录大量的文献出版物、基金、专利信息和临床实验数据，通过对一系列科研信息大数据的挖掘，帮助科研人员从研究主题、合作网络等维度梳理并梳理科研发展脉络。

2.2 数据采集

"智慧图书馆"一直是图书情报学界高度关注的研究领域，其历年发文量趋势如图 2-1 所示。由图 2-1 可见，2011—2021 年发文量整体上呈递增趋势。本节介绍智慧图书馆研究领域的相关文献采集方法。对于时间范围，起始日期为默认日期，截止日期为 2022 年 3 月。关于题录数据导出的格式类型，读者应根据知识图谱工具的限定而灵活选择。

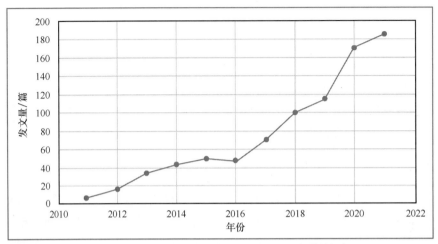

图 2-1　智慧图书馆研究领域历年发文量趋势（2022 年的数据未显示）

2.2.1　CNKI 数据采集

打开浏览器，输入网址，按 Enter 键，打开 CNKI 首页（见图 2-2），勾选"学术期刊"并单击，进入 CNKI 期刊首页（见图 2-3），单击"高级检索"按钮，进入高级检索页（见图 2-4）。

图 2-2　CNKI 首页

图 2-3　CNKI 期刊首页

图 2-4　CNKI 期刊高级检索页

采集 CNKI 数据的步骤如下。

（1）如图 2-5 所示，检索条件设置为"主题"＝"智慧图书馆"OR"篇关摘"＝"智慧图书馆"OR"主题"＝"智慧化图书馆"OR"篇关摘"＝"智慧化图书馆"OR"主题"＝"图书馆*智慧服务"OR"篇关摘"＝"图书馆 * 智慧服务"，"来源类别"设置为"北大核心"和"CSSCI"。通常来讲，核心期刊和 CSSCI 期刊的论文质量要比普通期刊的论文质量高，而高质量的论文更能反映出智慧图书馆领域的研究全貌。

图 2-5　CNKI 检索条件设置

（2）单击"检索"按钮，进行检索，检索结果如图 2-6（a）与（b）所示，总计 960 条记录。

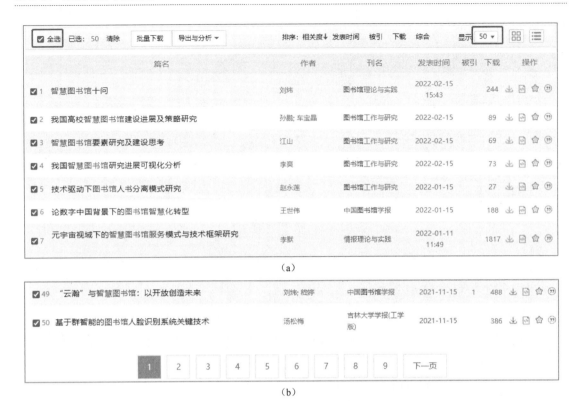

图 2-6　CNKI 检索结果

（3）为避免无关文献影响分析结果的可靠性，需要剔除选题指南、名人专访、著录错误等非学术性的干扰文献，通常这些文献的特征是"作者"列对应的值为空值。操作方法是浏览文献列表，取消勾选某条文献记录左侧的复选框（见图 2-7）。去除无关文献后，有效文献有 927 篇。

☐584　《图书馆论坛》2021年选题指南		图书馆论坛	2021-01-10	872　⬇
☐594　2019年度中国图情档学界十大学术热点		情报资料工作	2020-01-25	8　1226　⬇

图 2-7　无关文献的剔除

（4）在检索结果页的顶部，选择每页显示 50 条记录，勾选"全选"复选框，单击"下一页"按钮，重复该操作，将题录数据导出为 Refworks 格式的文本文件，如图 2-8 所示。CNKI 每次最多允许导出 500 条记录，因此若文献数量过多，则需要多次导出。注意，从 CNKI 导出的数据不包含参考文献信息，这意味着无法支持共被引分析。此外，由于不同的知识图谱工具支持的题录数据格式各不相同，因此建议读者连续导出 Refworks、EndNote、自定义（TXT 和 Excel）等题录格式的文件。

图 2-8　格式选择与数据导出

　　自定义格式文件的导出方法如图 2-9 所示，默认勾选的字段有 5 个——"SrcDatabase-来源库""Title-题名""Author-作者""Organ-单位""Source-文献来源"。读者可以根据需求选择其余字段，在本节的示例中，额外勾选了"Keyword-关键词""Summary-摘要""PubTime-发表时间"这 3 个字段。

图 2-9　自定义格式文件的导出方法

　　用记事本打开导出的文件，可以看到文献的题录数据（见图 2-10）。

```
SrcDatabase-来源库: 期刊
Title-题名: 从传统到数字再到智慧图书馆范式的嬗变
Author-作者: 饶俊丽;
Organ-单位: 西安科技大学图书馆;
Source-文献来源: 情报理论与实践
Keyword-关键词: 数字图书馆;;智慧图书馆;;范式演变;;图书馆服务
Summary-摘要: 文章综述图书馆史上两次范式的重大转变,即从传统到数字再
PubTime-发表时间: 2017-11-21 09:08
Year-年: 2018
```

图 2-10　文献的题录数据

2.2.2　CSSCI 数据采集

打开浏览器,访问 CSSCI 数据库首页(见图 2-11)。

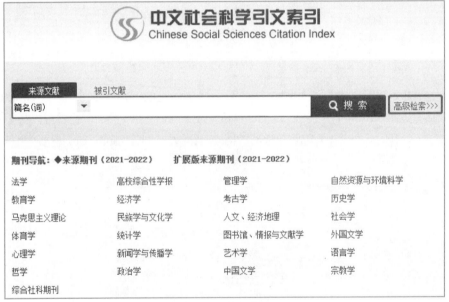

图 2-11　CSSCI 首页

CSSCI 数据采集的操作步骤如下。

(1)单击"高级检索"按钮,进入高级检索页,检索条件设置为"篇名(词)"或关键词="智慧图书馆",设置每页显示 50 条记录,如图 2-12 所示。

(2)单击"检索"按钮,进行检索,检索结果如图 2-13 所示,总计 257 条记录。

(3)在检索结果页底部(见图 2-14),勾选"全部选择"复选框,单击"下一页"按钮,重复该操作,单击"下载"按钮,可将题录数据保存为 TXT 格式的文本文件。

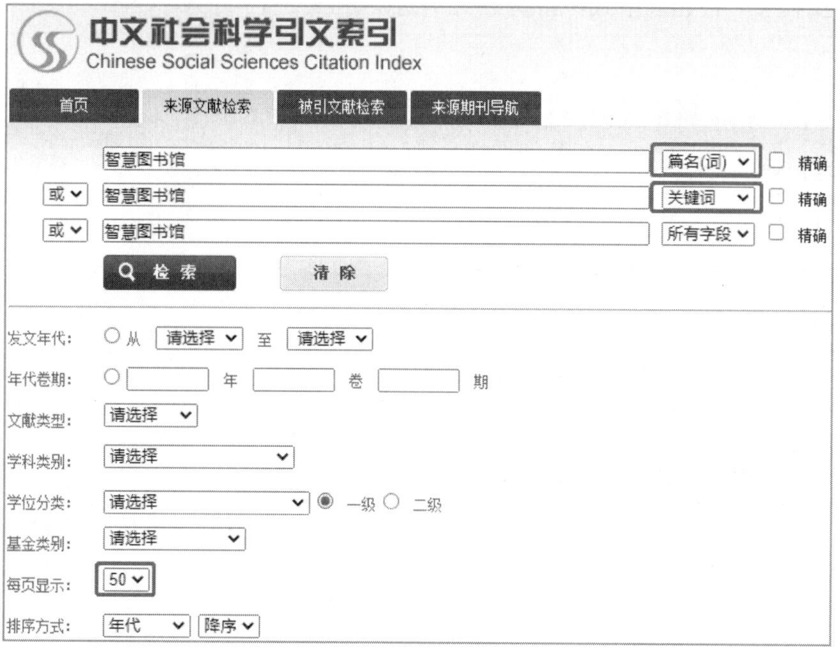

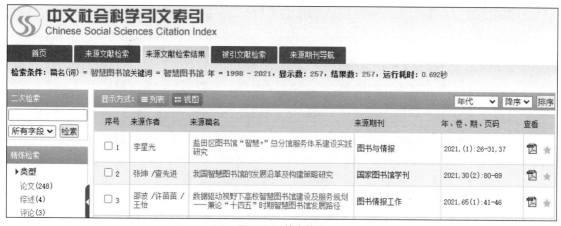

图 2-12 CSSCI 检索条件设置

图 2-13 检索结果

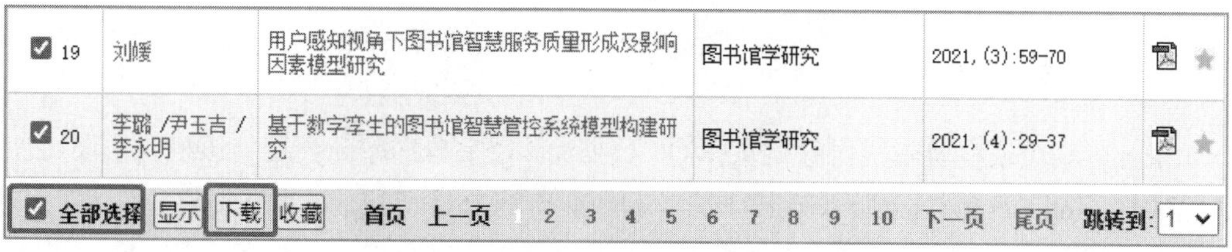

图 2-14 数据选择与下载

CSSCI 仅存在一种题录格式，如图 2-15 所示。由图 2-15 可见，CSSCI 题录格式与 CNKI 的多种题录格式均不一样。

```
【来源篇名】数据驱动视野下高校智慧图书馆建设及服务规划——兼论"十四五"时期智慧图书馆发展路径
【英文篇名】The Construction and Service Planning of University Smart Libraries from the Data-driven Perspective
【来源作者】邵波/许苗苗/王怡
【基    金】
【期    刊】图书情报工作
【第一机构】南京大学
【机构名称】[邵波]南京大学.信息管理学院/[许苗苗]南京大学.信息管理学院/[王怡]南京大学.信息管理学院
【第一作者】邵波
【中图类号】G250.7
【年代卷期】2021,65(010):41-46
【关 键 词】高校图书馆/智慧图书馆/数据服务/"十四五"规划
【基金类别】
【参考文献】
1..IFLA statement on libraries and artificial intelligence.2020
2.初景利.从智能图书馆到智慧图书馆.国家图书馆学刊.2019.28(1)
3.李玉海.我国智慧图书馆建设面临的五大问题.中国图书馆学报.2020.46(2)
```

图 2-15　CSSCI 题录格式

与 CNKI 题录数据相比，CSSCI 题录数据的优点如下。

- 尾部有参考文献数据，便于进行共被引分析。

- 文献的中文标题、英文标题信息分别使用【来源篇名】和【英文篇名】两个字段标识，信息更完整。

- 在机构信息方面，【机构名称】字段对多名作者的单位信息分别进行标识，比较严谨，而且机构名称格式为"单位.部门"，便于从单位和部门两个粒度对机构的发文量进行统计（需要进行数据转换），进而进行机构合作网络分析。

但是 CSSCI 题录数据也存在明显的不足：缺乏摘要信息，不便于科研学者洞察文献反映的主题和思想。

另外，从文本挖掘角度来说，无法提取语料库来源导致文本处理活动受限。注意，CSSCI 题录数据包含参考文献信息，因此能够支持共被引分析，但是无法支持耦合分析和引文网络分析。

2.2.3　WOS 数据采集

如果一所高校或科研院所已经购买 WOS 数据库，通常数据库商会搜集该机构所属、因特网服务提供方（Internet Service Provider，ISP）分配的多个 IP 地址网段，并限制访问策略，仅允许该机构的内部人员有权限访问 WOS 数据库。打开浏览器，访问 WOS 首页。

采集 WOS 数据的步骤如下。

（1）如图 2-16 所示，WOS 检索条件设置为"主题"= "smart library" OR "主题" = "intelligent library" OR "主题" = "wisdom library" AND "文献类型"=Article、Meeting 和 Review，这 3 种文献类型分别对应期刊论文、会议论文和综述，从"选择数据库"后面的下拉列表中，选择 "Web of Science 核心合集"。

图 2-16 WOS 检索条件设置

（2）单击"检索"按钮，进行检索，WOS 检索结果如图 2-17 所示，总计 120 条记录。剔除无效论文后，总计 76 条记录。

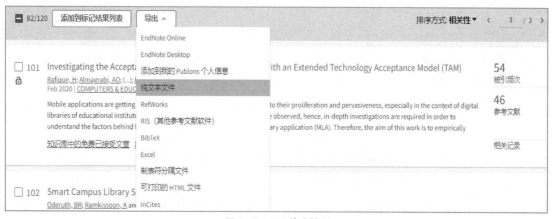

图 2-17 WOS 检索结果

（3）下拉滚动条，在检索结果页的底部，选择每页显示 50 条记录，勾选"全选"复选框，单击"下一页"按钮，如此重复操作，从"导出"下拉列表中选择"纯文本文件"，在弹出的窗口中，设置导出选项（见图 2-18）。WOS 每次最多允许导出 500 条记录，因此若文献数量过多，则需要进行多次保存。第一次保存时，在"记录"文本框处输入 1 和 500，第二次保存时，输入 501 和 1000，以此类推。注意，在"记录内容"下拉菜单中选择"全记录与引用的参考文献"，否则无法进行共被引分析。单击"导出"按钮，保存文件。

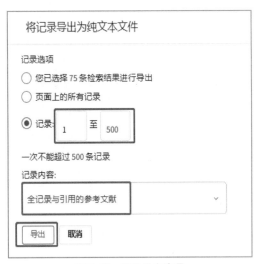

图 2-18　设置导出选项

2.3　数据预处理

各个文献数据库的题录数据格式不尽相同，包括数据库商自定义格式以及 RefWorks、EndNote、NoteExpress、BibTeX 等参考文献管理格式。即使是相同的格式，内容也存在细微差别，例如，CNKI 和万方的 RefWorks 题录格式中的字段粒度与字段顺序存在差异。同时，主流的科学知识图谱工具支持的数据格式都有限定要求，如国外的 VOSviewer、Bibliometrix 等软件仅支持以 WOS、Scopus 和 PubMed 为主的题录格式。

由于 WOS 题录格式较通用，因此在对除 WOS 格式之外的中文、外文文献题录数据进行分析时，需要对原始题录数据进行题录格式转换，将其转换成 WOS 题录格式数据。以 CiteSpace 软件为例，它内置了题录格式转换功能，可以对采集到的文献题录数据进行数据转换、去重（仅限 WOS）预处理，且必须转换成 WOS 格式，否则无法正常使用软件分析功能。本节以 CiteSpace 软件为例，介绍如何对题录数据进行预处理，同时说明转换工具存在的问题。

2.3.1 WOS 题录格式说明

以广东技术师范大学罗军的一篇论文为例，WOS 数据格式如下所示。

```
PT C
AU Luo, J
   Yan, LL
   Xu, SH
AF Luo, Jun
   Yan, Lianlong
   Xu, Shenghua
BE Yuan, L
TI Build Intelligent library by using Technology of The Internet of Things
SO MEMS, NANO AND SMART SYSTEMS, PTS 1-6
SE Advanced Materials Research
LA English
DT Proceedings Paper
CT 7th International Conference on MEMS, NANO and Smart Systems (ICMENS 2011)
CY NOV 04-06, 2011
CL Kuala Lumpur, MALAYSIA
SP Int Assoc Comp Sci & Informat Technol, Singapore Inst Elect
DE Internet of things; radio frequency identification; Intelligent library
AB This article is started from technology of the Internet of Things, proposes a program
to build a Intelligent library making use of RFID technology, And structures management
system of the Intelligent library based on RIFD.
C1 [Luo, Jun; Yan, Lianlong; Xu, Shenghua] Guangdong Polytech Normal Univ, Comp Nnetwork
Ctr Guangzhou, Guangzhou, Guangdong, Peoples R China.
RP Luo, J (通信作者), Guangdong Polytech Normal Univ, Comp Nnetwork Ctr Guangzhou, Guangzhou,
Guangdong, Peoples R China.
EM lo@gdin.edu.cn; yll@gdin.edu.cn; xsh2009@gdin.edu.cn
CR Tian Ye, 2008, THESIS GUIZHOU U
   Wang Bin, 2009, INFORM COMPUTER THEO
   Wang Xiaojing, 2010, LIAONING U
NR 3
TC 2
Z9 2
U1 1
U2 14
PU TRANS TECH PUBLICATIONS LTD
PI STAFA-ZURICH
PA LAUBLSRUTISTR 24, CH-8717 STAFA-ZURICH, SWITZERLAND
```

```
SN 1022-6680
BN 978-3-03785-312-2
J9 ADV MATER RES-SWITZ
PY 2012
VL 403-408
BP 2138
EP 2141
DI 10.4028/www.scientific.net/AMR.403-408.2138
PG 4
WC Computer Science, Artificial Intelligence; Computer Science, Information
   Systems; Engineering, Electrical & Electronic; Nanoscience &
   Nanotechnology; Materials Science, Multidisciplinary
WE Conference Proceedings Citation Index - Science (CPCI-S)
SC Computer Science; Engineering; Science & Technology - Other Topics;
   Materials Science
GA BCN35
UT WOS:000310764701070
DA 2022-03-17
ER
```

部分字段标识的说明如表 2-1 所示。

表 2-1　部分字段标识的说明

字段标识	说明	字段标识	说明
PT	出版物类型（J 表示期刊，B 表示书籍，S 表示丛书，P 表示专利）	SN	国际标准连续出版物号（ISSN）
AU	作者	EI	电子国际标准连续出版物号（eISSN）
AF	作者全名	J9	来源文献名称缩写
TI	文献标题	PY	出版年
SO	出版物名称/来源期刊	VL	卷
DT	文献类型	IS	期
DE	关键词	BP	开始页
ID	补充关键词	EP	结束页
AB	摘要	DI	数字对象标识符
C1	作者地址	PG	页数
CR	参考文献	UT	入藏号
NR	引用的参考文献数	ER	记录结束
TC	被引频次	—	—

2.3.2 数据预处理前期准备

在文献题录数据中经常出现作者重名的情况，比如，在撰写本书时南京大学图书馆副馆长和中国矿业大学图书馆副馆长的姓名同为邵波。另外，作者在署名的时候，单位没有归一化，比如南京晓庄学院图书馆的学者陆波在署名时，存在南京晓庄学院、南京晓庄学院图书馆系统技术部共存的情况。为了使分析数据更准确，应当对题录数据作者及单位信息做预处理。

同时，为了减少工作量，可以对高产作者进行核对，进而再对高产作者所属单位进行核实和验证。注意，受题录数据的限制，对于本书所指的机构，提取的信息是机构与部门，而不是传统意义上的单位。从某种角度来看，该方式对于明确机构内部之间的合作关系是有现实意义的。

美国著名的科学史家普赖斯提出了普赖斯定律，他指出"科研学者的全部数目大约是按照高产科学家数目的平方关系而逐步增长的"，并根据洛特卡定律推导出公式：

$$y = 0.749\sqrt{x}$$

式中，x 为高产作者的最低发文量，y 为发表文章最多的作者发文量。

在智慧图书馆的研究领域中，南京大学图书馆副馆长邵波的发文量为 26（含合著），发表文章达到 4 篇及以上的作者才被列为高产作者。对发文量大于或者等于 4 的题录数据进行核对，并做相应的规范处理，如表 2-2 所示。注意，南京大学图书馆副馆长邵波在文献中的单位为南京大学图书馆或南京大学信息管理学院，对这种情况并未处理。

表 2-2　对重名作者及多名单位的规范处理

作者及所属单位	处理方法
刘慧：南京晓庄学院图书馆资源建设部	归一化单位，改为"南京晓庄学院图书馆"
陆康：南京晓庄学院图书馆系统技术部	归一化单位，改为"南京晓庄学院图书馆"
刘慧，陆康：南京晓庄学院	归一化单位，改为"南京晓庄学院图书馆"
刘慧：济宁医学院图书馆	标注作者，如"刘慧2"，保留南京晓庄学院的"刘慧"
单轸，邵波：南京大学	归一化单位，如"南京大学信息管理学院"

CiteSpace 项目的结构如图 2-19 所示。

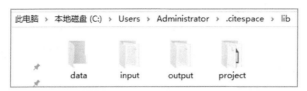

图 2-19　CiteSpace 项目的结构

CiteSpace 运行前期需要新建两个文件夹（可自定义命名），data 文件夹用来存放经过格式转换后的题录数据；project 文件夹用来存放分析过程软件运行的结果，如节点信息、聚类信息等。CiteSpace 在进行题录格式转换时也需要建立两个文件夹，input 文件夹用于存放原始数据，文件夹中的文件命名必须以"download"开头；output 文件夹用于存放转换后的数据，然后将 output 文件夹中的数据复制并粘贴到 data 文件夹中。

2.3.3　数据预处理操作

CiteSpace 内置数据转换器，支持 WOS、Scopus、PubMed、ADS、arXiv、CNKI、CSSCI 等数据库数据。实现数据转换的操作如下。

（1）在 CiteSpace 中，从菜单栏中选择 Data→Import/Export，出现询问是否连接 MySQL 数据库的对话框，CiteSpace 支持将题录数据导入 MySQL 数据库，进而可以执行 SQL 查询语句。此处单击 Skip MySQL for now 按钮，跳过该步骤，如图 2-20 所示。

图 2-20　询问是否连接 MySQL 数据库的对话框

（2）在进行 CNKI 数据转换时，在 CNKI 选项卡中，单击 Browse 按钮，设置 Input Directory 及 Output Directory，单击 CNKI Format Conversion (2.0)按钮，进行格式转换，如图 2-21 所示。

CSSCI、WOS 数据格式转换的方法与 CNKI 数据格式转换的方法类似，分别如图 2-22、图 2-23 所示。

图 2-21 CNKI 数据格式转换的方法

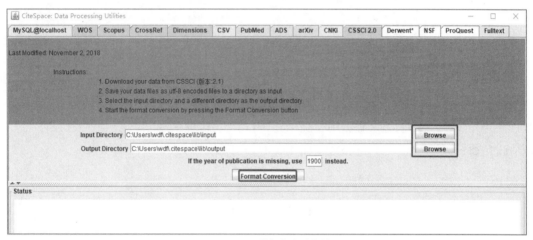

图 2-22 CSSCI 数据格式转换的方法

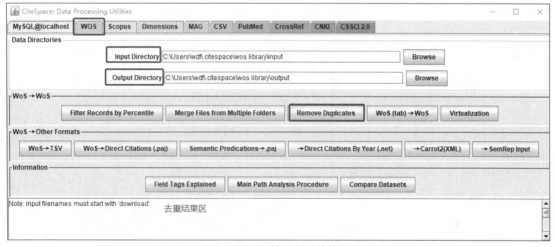

图 2-23 WOS 数据格式转换的方法

注意，在进行 WOS 数据格式转换时，数据转换器增加了去重功能，其操作方法如下。

单击 Remove Duplicates 按钮，在弹出的窗口中，如图 2-24 所示，选择要处理的文献类型，单击 Start 按钮，等待软件执行去重处理，处理结果在去重结果区显示。

图 2-24　WOS 数据去重

2.3.4　数据转换存在的问题

通过将 CNKI 数据和 CSSCI 数据格式转换后的题录数据与 WOS 格式的题录数据进行比对，可以看出，转换后的题录数据中文献标题（TI）、关键词（DE）、来源期刊（SO）等信息是准确的，但是在数据转换后的格式方面存在一些问题。

在不同版本中，CNKI 数据转换存在一些问题。

图 2-25 展示了 CNKI 5.5 中数据转换后的题录信息。

图 2-25　CNKI 5.5 中数据转换后的题录信息

其中的问题如下。

- 作者姓名简写（AU）和全名（AF）尾部附加了逗号，而 WOS 格式的姓名尾部没有任何标点符号。

- 机构名重复出现，并且起始位置缺少作者信息，不符合 WOS 格式规范。

版本 5.8（图略）的问题如下。

机构名重复出现，并且机构名尾部没有点号，这导致图谱中机构名字符串连接在一起，如"上海图书馆上海图书馆"。

图 2-26 展示了 CNKI 6.1 中数据转换后的题录信息。

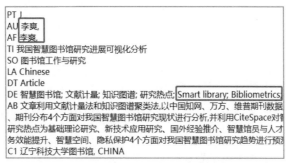

图 2-26　CNKI 6.1 中数据转换后的题录信息

其中的问题如下。

作者姓名格式问题依旧存在。另外，关键词信息中同时出现中、英文关键词。

在不同版本中，CSSCI 数据转换也存在一些问题。

图 2-27 展示了 CSSCI 5.5 中数据转换后的题录信息。

图 2-27　CSSCI 5.5 中数据转换后的题录信息

其中的问题如下。

- 转换后的文献标题是英文题名，而并非 CSSCI 中【来源篇名】字段的中文标题。

- 机构信息不规范，机构格式保留 CSSCI 原有的格式，并没有进行转换。

图 2-28 展示了 CSSCI 6.1 中数据转换后的题录信息。

```
PT J
AU 张坤,
   查先进,
AF 张坤,
   查先进,
TI Research on the Development Evolution and Construction Strategy of Smart-Libraries in China
SO 国家图书馆学刊
DT Article
DE 智慧图书馆; 智能图书馆; 数字图书馆; 构建策略
AB 我国智慧图书馆的发展沿革与构建策略研究
C1 [张坤]武汉大学信息管理学院.
   查先进]武汉大学信息管理学院.
```

图 2-28 CSSCI 6.1 中数据转换后的题录信息

其中的问题如下。

- 作者信息的情况与 CNKI 一致。

- 机构名是 "[张坤]武汉大学信息管理学院.", 在 WOS 格式中会认为该字符串是一个机构, 按照 WOS 格式应当写成 "[张坤] 武汉大学.信息管理学院.", 作者与机构中间以空格隔开, 第二作者 "查先进]武汉大学信息管理学院." 标识错误, 前面缺少符号 "["。另外, 两位作者同属于武汉大学信息管理学院, 应当进行合并处理。

CiteSpace 内置的题录转换工具的缺陷导致转换后的数据仅支持共词分析或者共被引分析 (CSSCI 题录数据), 无法正常对科研合作网络进行可视化分析。为此, 读者需要自己编写程序实现题录数据转换。这里以 CSSCI 题录数据为例, 通过 Python 编程实现标题、关键词、机构、引文等关键题录信息的提取和转换。代码可参考本书附录 D。关于 CNKI 的题录数据格式转换, 读者可以自行研究和实践。本书讲解和演示的内容仍然沿用原始题录格式。

2.3.5 工具演示说明

后续章节在介绍知识图谱工具如何使用时, 采用的文献数据库及题录格式是多样化的。CNKI 的题录数据使用 3 种格式——原始的 Refworks 格式、自定义格式以及经过 CiteSpace 转换后的 WOS 格式; CSSCI 的题录数据使用经过 CiteSpace 转换后的格式; WOS 的题录数据使用原始的文本格式。

关于不同数据库的说明如表 2-3 所示。

表 2-3 关于不同数据库的说明

数据库	题录数据格式	演示工具	研究用途
CNKI	Refworks	VOSviewer	共词分析、科研合作分析
	WOS（经 CiteSpace 转换）	CiteSpace	共词分析、科研合作分析
	自定义格式	BICOMB	词篇矩阵、词频矩阵生成, 通过 UCINET 和 SPSS 进一步分析
	自定义格式（Excel 表格）	LDA 模型	主题分析

续表

数据库	题录数据格式	演示工具	研究用途
CSSCI	WOS（经 CiteSpace 转换）	VOSviewer	共被引分析
	WOS（经 CiteSpace 转换）	CiteSpace	共被引分析
	CSSCI 特有格式	SATI	综合分析
WOS	WOS	VOSviewer	综合分析
		HistCite	引文时序分析
		Bibliometrix	综合分析

2.4 本章小结

　　本章首先对常见的中外文数据库做了相关介绍，接着以 CNKI、CSSCI 和 WOS 三大数据库为例，介绍了智慧图书馆领域中文献题录数据的采集和预处理操作。在数据采集环节中，读者需要剔除无效的"噪声"文献，以免对后续的分析产生干扰。关于数据预处理，本章介绍了如何使用 CiteSpace 内置的数据转换器，同时揭示了该插件在数据转换后存在题录格式不规范的问题，并给出了相应的解决思路。最后，本章对后续章节提及的工具使用的多种数据库及题录格式做了说明。

第3章 文献计量分析工具的应用

本章结合智慧图书馆研究领域的题录数据，对当前主流的科学知识图谱工具的功能、原理、使用方法进行阐述，旨在让读者掌握如何使用工具，并了解使用过程中的注意事项。

在主流的工具中，CiteSpace、VOSviewer 被科研人员广泛运用，支持引文分析、共词分析、科研合作分析等常用功能。同时，每种工具都有特色功能，例如，CiteSpace 的时间线视图、突现词检测、中介中心度测度等；VOSviewer 良好的自动聚类结果、清晰美观的可视化效果、引文网络的绘制等；HistCite 的基础指标统计及基于时间分组的引文网络的绘制等。本章重点介绍这几款工具，并对新兴的 Bibliometrix 和 SATI 两款集成化工具进行简要说明。

3.1 文献计量分析理论方法

3.1.1 引文分析

引文（citation）是引用参考文献的简称，一篇引用（citing）文献（也称作施引文献）通常引用的内容是被引（cited）文献的原文、观点或者数据。引文分析是文献计量学中的分析研究方法之一。在写论文的过程中，作者一般需要参考相关文献，采用尾注或脚注方式列出参考文献，这种引用与被引用关系是引文分析的重要依据。文献是有时间概念的，已发表文献都附带时间标识，因此引证关系可以通过具有时间属性（通常以年为单位）并随时间动态变化的有向图来表征。

图 3-1 展示了"论智慧图书馆的三大特点"这篇文献的二级引证关系，能够使研究者了解文献研究内容的来龙去脉。

图 3-1　CNKI 中单篇文献引文网络

邱均平认为，引文分析法是利用各种数学与统计学的方法，包括比较、归纳、抽象、概括等逻辑方法，对科学期刊、论文、作者等分析对象的引用和被引用现象进行分析，以便揭示其数量特征和内在规律的一种文献计量研究方法。科学文献的相互引证反映了科学发展过程中知识流动的规律，体现了科学知识的累积性、连续性、继承性。

总体而言，任何一个学科都由具有高影响力的学者、期刊、文献衍生发展而来，它们引领和主导着学科的知识流动并不断向前推进。引文分析是文献、作者、期刊的共被引分析的基础，通过分析一系列研究主题、方向的相关文献，尤其是引领学科发展的核心作者、核心期刊发表的高水平文献，探究学科知识从产生、继承到重组的流动过程，从而探测学科结构、亲缘关系和演化规律。

1. 耦合分析

文献耦合（bibliographic coupling）反映的是施引文献之间的关系。图 3-2 展示了文献耦合分析与共被引分析。

图 3-2（a）中文献 A 和 B 引证了相同的参考文献 C、D、E 和 F，因此它们之间构成耦合关系，它们所包含相同参考文献的个数称为耦合强度。两篇文献的耦合强度越大，表明这两篇文献的研究方向越相近，在图 3-2（a）中文献 A 和 B 的耦合强度为 4。

随着文献耦合分析的发展，派生出作者耦合分析、期刊耦合分析、机构耦合分析、国家耦合分析。与文献共被引相反，文献的耦合关系是静态、固定不变的，因为已发表的施引文献的参考文献不会发生变化。因此，从描述科学发展的动态结构角度来看，共被引比耦合更具有优越性，更适用于科学研究对象和内容不断发展、变化的学科。耦合分析可以与共被引分析互相补充。作者耦合分析与作者共被引分析相结合能够更科学、更全面地展示一个学科的知识结构。

2. 共被引分析

文献共被引（co-citation）反映的是被引文献之间的关系。如果文献 A 和文献 B 被后来的文献 C、D、E 和 F 同时引用，则称 A、B 两篇文献存在共被引关系，如图 3-2（b）所示。如果两篇论文共被引频次越高，则表明它们之间的相关性越强，其二维空间上的距离越近；反之，则表明相关性越弱，其二维空间上的距离越远，在图 3-2（b）中文献 A 和 B 的共被引强度为 4。文献的共被引关系是动态的，会随着时间的变化而变化，一是两篇论文的共被引关系可能发生从无到有的转变，二是存在共被引关系的两篇论文的共被引强度可能会持续增加。

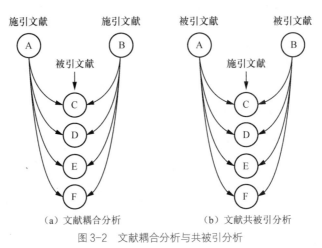

（a）文献耦合分析　　　　（b）文献共被引分析

图 3-2　文献耦合分析与共被引分析

通过分析文献共被引网络，我们可以探究某学科领域的研究基础与研究前沿。通过测量共被引关系强度，进而对共被引文献聚类，揭示研究基础；再通过对聚类的施引文献进行提取分析，从而揭示研究前沿。如果对文献集分时段进行文献共被引分析，可以探究学科的演变历程。

随着引文分析法的发展，在 1981 年作者共被引（author co-citation）分析和期刊共被引（journal co-citation）分析应运而生。作者共被引分析是以作者为知识单元而建立的共被引关系。如果两个作者的文献被共引频次越高，则表明他们很有可能是某研究领域中的重要学者，受到同行学者更多的关注，其文献所涉及的研究内容或方法相关性较强，进一步地对聚集成的作者网络加以划分，可以识别出该研究领域中的多个群体，即"科学共同体"，同时作者之间的学术联系和结构特点可以反映出作者所研究的学科之间的关系。根据科学研究范式，"科学共同体"可分成两种：一是因师承关系、同事关系、朋友关系等形成的有直接合作关系的学术共同体，亦称为"有形学院"；二是相互间没有合作关系，但学术兴趣、研究内容相同或相似的学术共同体，称为"无形学院"。期刊共被引分析的理论方法与作者共被引分析的基本一致，用于揭示期刊之间的关系，确定学科领域中的核心期刊。

3.1.2　共词分析

关键词是表达文献主题概念的词汇，是文章内容的浓缩和总结。词频分析是文献计量学的传统分析方法之一，它从学科领域的相关文献中提取关键词，统计其在文献中出现的次数（即词频），将其按照词频排序，并根据高频关键词确定该领域的研究热点。但因为作者在文献中标注关键词时存在一定的主观性、随意性，而且关键词较独立，无法全面地反映文献中隐含的研究主题。

共词（co-word）分析也称作关键词共现分析。其基本方法是统计任意两个关键词在文献中共同出现的次数，并构建关键词共现矩阵。共现矩阵是一个方阵，元素表示关键词共现次数，主对角线上的元素表示每个关键词出现的频次。关键词共现次数的差异反映了两个关键词的亲疏关系，为抑制高频关键词对词关联分析的影响，通过 Ochiai、Jaccard 或 Dice 相似系数对共现矩阵进行标准化处理，将其转换成关键词相关矩阵，也称作相似矩阵，其元素的取值范围为[0,1]。相关矩阵中的数值越接近 1，表明两个关键词距离越近，相似度越高。而相异矩阵恰好相反，相异矩阵中的数值越接近 1，表明两个关键词之间的距离越远，相似度越低。共词网络也称为关键词共现网络，它根据节点（关键词）与节点间的关系强度生成网络图谱。共词网络的生成流程如图 3-3 所示。

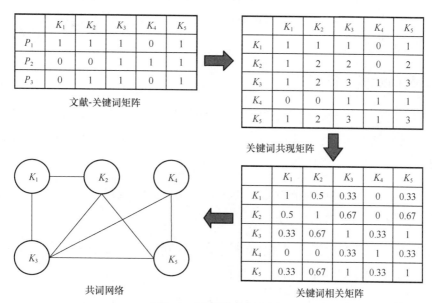

图 3-3　共词网络的生成流程

通过聚类算法可以进一步地将关键词划分为多个类群，每个类群代表着各自的研究主题。作者、机构合作网络和共被引网络也是基于作者、机构、被引文献等知识单元的共现矩阵进行关联、聚类分析的，其原理与共词分析方法的原理一致。

3.2　CiteSpace

3.2.1　CiteSpace 简介

CiteSpace 是 Citation Space 的简称，意为"引文空间"。2004 年，美国德雷塞尔大学陈超美教授基于引文分析理论，应用 Java 编程语言开发了 Information Visualization- CiteSpace 软件，用于分析科技文献中蕴含的知识，并进行多元、分时、动态的引文可视化分析。

在大连理工大学 WISE（网络—信息-科学-经济计量）实验室的推广下，CiteSpace 已成为国内科学计量学普遍采用的工具。CiteSpace 主要提供了针对关键词、作者、机构、期刊等知识单元的共现分析功能，如共词分析、科研合作分析、共被引分析，还支持文献耦合分析以及根据时间线、时区等展示不同时段知识演化的图谱。

CiteSpace 版本不断迭代升级，截至本书完稿时最新版本为 6.1 R1，但在作者实际操作过程中，发现该版本运行速度较缓慢，替换成 5.8 R3 版本后，出现机构名重复显示的问题，最终作者选用性能较稳定的 5.5 R2 版。

3.2.2　CiteSpace 概念模型

任何一门学科从诞生到发展再到成熟，总以相关理论作为基础，以新的理论作为推动力，学科的发展体现了文献之间的知识流动及渗透。文献知识流动从理论上表征为研究前沿和知识基础的变迁。

研究前沿（research front）的概念最早于 1965 年由普赖斯提出，他认为，某个领域的研究前沿由最近发表的 40～50 篇论文组成。

李杰等人认为，"研究前沿主要体现在科学研究中新的和关注度热的文献上，即近期研究者共同关注和研究的某一领域的主题文献集合。"

陈超美认为，研究前沿是正在兴起的理论趋势和新主题的涌现。在 CiteSpace 中，"研究前沿是时间变量映射的定义域，知识基础是映射的值域。"某研究领域是研究前沿和研究基础间的时变对偶，可以描述成从研究前沿 $\Psi(t)$ 到知识基础 $\Omega(t)$ 的时间映射 $\Phi(t)$，即

$\Phi(t)$: $\Psi(t)\rightarrow\Omega(t)$。

CiteSpace 中关于研究前沿和研究基础的概念模型如图 3-4 所示。

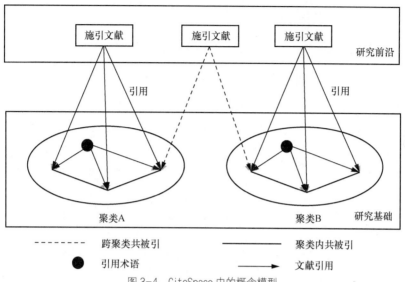

图 3-4　CiteSpace 中的概念模型

研究前沿代表某学科领域的发展趋势，研究基础是研究前沿在文献中的引用轨迹，对应被引用文献，同时是某领域的奠基性经典文献。

在 CiteSpace 中，知识基础是根据文献共被引聚类分析，确定研究前沿所引用的文献的演进网络。CiteSpace 采用突现检测算法，通过从各个聚类的施引文献的标题、摘要或关键词中提取某段时间内突然涌现的、频次变化显著的突现词（burst term）来确定表征研究前沿的热点专业术语。此外，本书中的"研究前沿"沿用前人定义的概念理论，同时论文从录用、发表到被其他文献引用，存在一定的偶然性和滞后性，影响科学研究中前沿领域的及时揭示，因此施引文献更能够全面地反映科学发展前沿和动向。

3.2.3　下载与运行 CiteSpace

从美国德雷塞尔大学官网可下载 CiteSpace。为了运行 CiteSpace 5.5，要求计算机上安装 Java 运行环境（Java Runtime Enviroment，JRE），根据计算机操作系统的位数提前安装 32 位或 64 位 JRE 软件。单击 CiteSpaceV.jar 图标，弹出 CiteSpace 版本过期提示（见图 3-5），单击"确定"按钮，然后将系统时间调整到 2020 年 3 月 31 日之前。

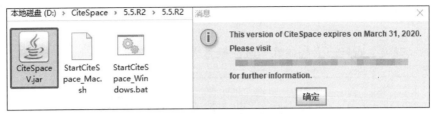

图 3-5　CiteSpace 版本过期提示

重新单击 CiteSpaceV.jar 图标，出现欢迎界面（见图 3-6）。

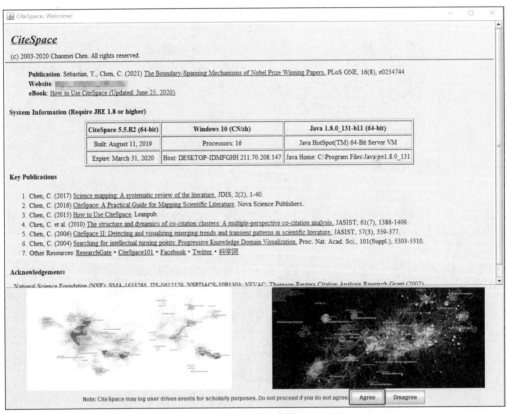

图 3-6　欢迎界面

单击 Agree 按钮，出现 CiteSpace 运行界面（见图 3-7）。

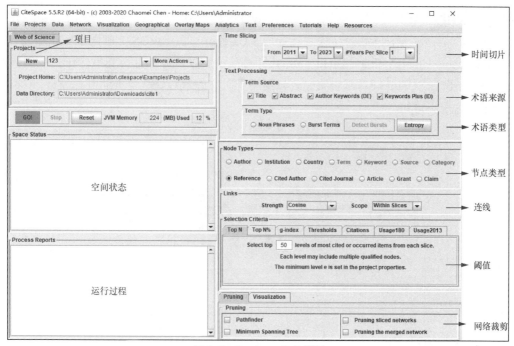

图 3-7　CiteSpace 运行界面

3.2.4　设置参数

1. Time Slicing 选项组

文献带有发表时间属性，Time Slicing 选项组用于筛选将要分析的文献时间跨度（起始至结束的年月），并将其分割成多个时间段（见图 3-8）。

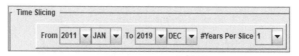

图 3-8　Time Slicing 选项组

Years Per Slice 指定每个时间切片的年数，默认是 1。CiteSpace 时间线视图和时区视图都以该时间跨度作为时间轴进行可视化分析。

2. Node Types 选项组

Node Types 选项组用于设置知识单元类型（见图 3-9），以满足不同的分析需求。

其中，Author、Institution、Country 表示针对施引文献，分析作者、机构和国家的合作网络；Term、Keyword、Source、Category 表示针对施引文献，分析名词性术语、关键词、来源和研究领域的共现网络（其中，名词性术语从 WOS 文献中的 TI（标题）、AB（标题）、DE（关键词）和 ID（补充关键词）4 个字段进行提取，Category 对应 WOS 文献题录数据中的 SC 字段）；Reference、Cited Author、Cited Journal 针对被引文献，分别分析文献、作者和期刊的共被引网络；Article、Grant 针对施引文献，分别用于对文献耦合、基金资助进行分析；Claim 选项很少用，这里不讨论。

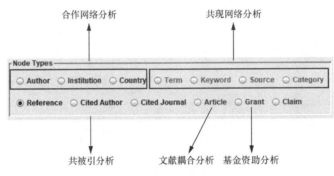

图 3-9　Node Types 选项组

3. Links 选项组

关键词、作者、机构等知识单元共现矩阵中的数值表示知识单元共现次数，也反映出它们之间的关系强度。我们需要对共现矩阵进行标准化处理，标准化后的数值区间为[0,1]，CiteSpace 中的 Links 参数用于设置知识单元（节点）之间的关系强度的计算方法。可以使用余弦（Cosine）距离、Jaccard 系数和 Dice 系数表示关系强度，默认使用余弦距离。

余弦距离的计算方法如下。

$$\text{Cosine} = \frac{c_{ij}}{\sqrt{c_i c_j}}$$

Jaccard 系数的计算方法如下。

$$\text{Jaccard} = \frac{c_{ij}}{c_i + c_j - c_{ij}}$$

Dice 系数的计算方法如下。

$$\text{Dice} = \frac{2c_{ij}}{c_i + c_j}$$

式中，c_{ij} 表示节点 i 和节点 j 共同出现的频次，c_i 表示节点 i 出现的频次，c_j 表示节点 j 出现的频次。

4. Selection Criteria 选项组

知识单元数据量过大，会导致软件计算运行缓慢，生成的图谱结构混杂，因此需要提前设置节点阈值，使图谱可视化效果简洁清晰。

CiteSpace 主要提供了以下 5 种阈值设置策略。

- 指定 Top N：选择每一个时间切片中被引频次或出现频次排前 50 个的节点数据（见图 3-10）。

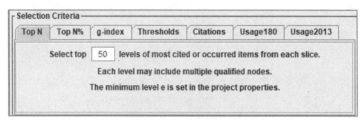

图 3-10 Top N 阈值设置

- 指定 Top N%：选择每一个时间切片中被引频次或出现频次排前 10%但少于 100 的节点数据（见图 3-11）。

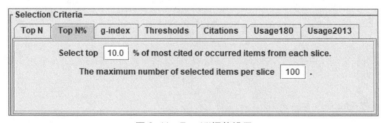

图 3-11 Top N%阈值设置

- 指定 g-index：在增加规模因子 k 的基础上，按照修正后的 g 指数排名抽取文献（见图 3-12）。

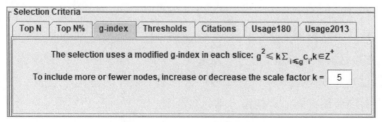

图 3-12 g-index 阈值设置

- 指定 Thresholds：设置数据在前、中、后 3 个时间段的(c,cc,ccv)阈值（见图 3-13）。其中，c 代表最低被引或出现的频次，cc 代表本时间切片中共现或共被引频次，ccv 代表共现率或者共被引率。ccv 与 c 和 cc 的关系如下。

$$ccv(i, j) = \frac{cc(i, j)}{\sqrt{c(i)c(j)}}$$

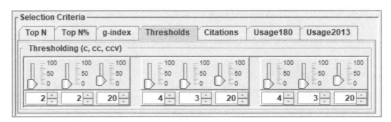

图 3-13　Thresholds 的设置

- 指定 Citations：设置文献被引频次范围（见图 3-14）。单击 Check TC Distribution 按钮，显示文献被引频次的分布。其中，TC 指被引频次，Freq 指某个被引频次对应的文献数量，Accum.%指该频次对应的累计百分比。

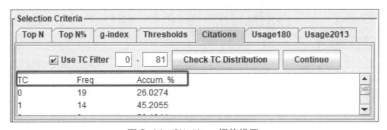

图 3-14　Citations 阈值设置

5. Pruning 选项组

当生成的图谱过于密集或混乱时，需要进行网络裁剪以提高网络的可读性。CiteSpace 提供了两种裁剪算法——寻径（Pathfinder）算法和最小生成树（Minimum Spanning Tree，MST）算法。

两种裁剪算法用于简化一个密集的网络，从而突出重要的结构特征，经过处理后的网络节点数保持不变，但连接数会大大减少。寻径算法起源于美国心理学家对认知心理学语义关系的研究，其基本思想是经过数学模型运算，对复杂网络进行最大限度的简化。最小生成树算法的基本思想是通过原始无向连通加权图 G，构造一棵包含所有顶点并且各边权重总和最小的生成树。

此外，CiteSpace 的图谱是由多个按时间切片分割的网络序列合并后产生的网络。在图 3-15

所示的 Pruning 选项卡中，或者勾选 Pruning sliced networks 复选框，对每个切片的网络进行裁剪；或者勾选 Pruning the merged network 复选框，对最终合并后的网络进行裁剪。

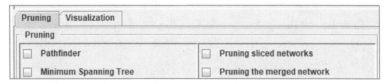

图 3-15　Pruning 选项卡

3.2.5　新建项目与可视化

本节以共词分析为例，介绍如何新建项目并生成共词网络图谱。具体操作步骤如下。

（1）在 CiteSpace 中，单击 Projects 选项区域中的 New 按钮，弹出 New Project（新建项目）窗口，设置 Title（项目名称），单击两个 Browse 按钮，选择 Project Home（项目路径）以及 Data Directory（数据文件夹），其余参数保持默认值，单击 Save 按钮，保存设置，如图 3-16 所示。

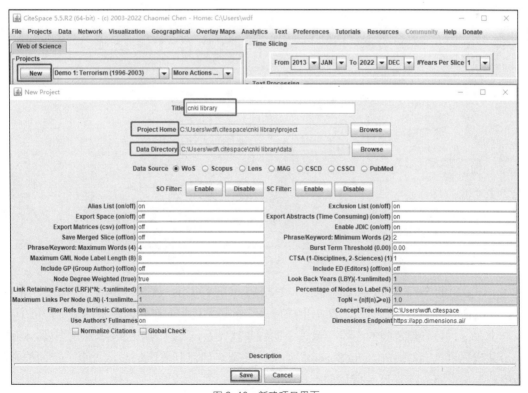

图 3-16　新建项目界面

（2）如图 3-17 所示，设置 Time Slicing 参数，From 和 To 分别设置为 2011 与 2022，#Years Per Slice 保持默认值；在 Node Types 选项组中，选择 Keyword 单选按钮；在 Selection Criteria 选项组中，选择 Top N 标签，N 参数设置为 20；在 Pruning 选项组中，勾选 PathFinder、Pruning sliced networks 和 Pruning the merged network 复选框；单击左侧的 GO!按钮，运行软件，会在左下方显示相关信息。Space Status（空间状态）窗格显示每个时间片的网络分布情况，包括总节点数、满足阈值条件以及实际提取的节点数以及边数。Process Reports（处理报告）窗格显示在数据处理中的动态过程，包括每个时间片的记录统计、计算耗时以及整个网络的节点数和边数等信息。

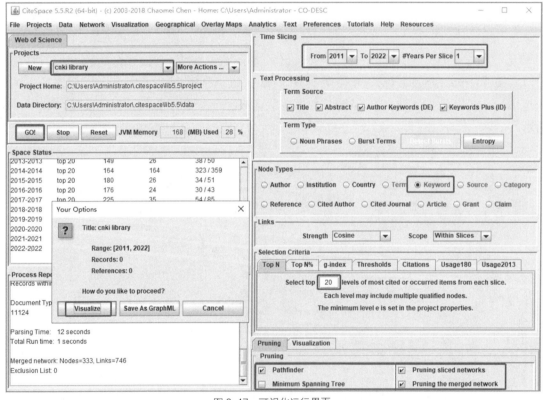

图 3-17　可视化运行界面

（3）在弹出的 Your Options 对话框中，单击 Visualize 按钮，会生成可视化图谱，如图 3-18 所示。该图谱经过不断迭代计算、动态生成后，其布局才稳定。在共词网络图谱中，每个节点代表一个关键词，节点之间的连线表示关键词的共现关系，连线的粗细表示共现强度，连线越粗表示共现强度越高。另外，CiteSpace 界面的左侧节点信息列表区域显示每个关键词的频次、中心度、年份（第一次出现关键词的年份）等信息。

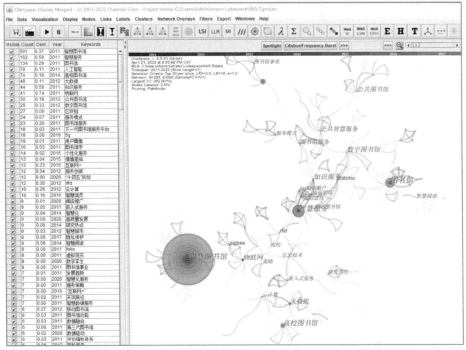

图 3-18　共词网络图谱

3.2.6　共词网络可视化视图

CiteSpace 图谱显示区是可视化窗体的核心区域。CiteSpace 可视化图谱的布局是动态生成的，等图谱布局稳定，最终可视化图谱会清晰地显示出来。CiteSpace 提供了 4 种可视化视图。

- 普通视图：用于呈现知识单元的共现网络，突显重要节点。

- 聚类视图（cluster view）：用于将不同的知识单元聚合，分析涉及的研究主题和结构关系。

- 时间线视图（timeline view）：用于查看某个聚类（即研究主题）成员的时间跨度分布及成员关系。

- 时区视图（timezone view）：用于展示时间维度上知识领域的演化历程。

CiteSpace 可以生成共现网络、共被引网络、合作网络这 3 种类型的图谱，它们的研究目的不一样，但其操作方法类似。

本节以共词网络为例，对上述的前 3 种视图和突现检测视图进行说明。关于时区视图，由于存在图谱标签重叠严重，需要手动逐个节点调节的问题，另外，关键词存在时间分布错误的问题，如"元宇宙""区块链"等词出现在 2011 年，因此本节不介绍。

1. 普通视图

1）工具栏

工具栏左侧包含一些常规图标，它们从左向右依次用于可视化保存、导出图形、网络重新布局、停止网络布局、切换网络颜色、设置背景颜色、设置背景颜色为黑色、设置背景颜色为白色（见图 3-19）。

图 3-19　工具栏中的常规图标

图 3-20 展示了工具栏的其他功能。

图 3-20　工具栏的其他功能

改变节点形状的操作方法如下：从菜单栏选择 Nodes→Node Shape(Keywords，Terms)，在弹出的菜单中会有 4 个选项，依次是 Cross（十字架）、Circle（圆形）、Triangle（三角形）和 Square（方形），默认选择 Cross 形状，如图 3-21 所示。

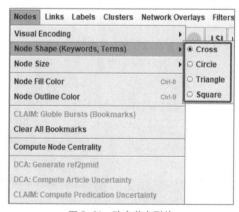

图 3-21　改变节点形状

节点样式关系到代表节点大小的指标及节点的显示样式（年轮、聚类样式等），如图 3-22 所示。

图 3-22　节点样式

图标从左向右依次如下。

- Tree Ring History：节点的年轮结构表示该节点被引用的历史，节点的颜色代表相应的被引用时间，蓝色的年轮表示较早的年份，红色的年轮表示最近的年份。节点的大小表示文献、作者或期刊知识单元的被引用频次，某一年的年轮厚度与该年的被引用频次成正比。若节点的年轮被红色填充，表明该节点在某个时间段中存在突发性变化。在科研网络和共现网络图谱中，节点的大小可代表关键词出现频次，以及作者、机构或国家的发文量。

- Centrality：社会网络分析法中的重要指标，用于评价行动者在社会网络中所处的核心地位与影响力。中心度可分为度中心度、中介中心度和接近中心度 3 种类型。CiteSpace 采用中介中心度指标衡量节点的重要性，网络中的节点如出现紫色的外圈，表明这些节点的中介中心度较高（大于或等于 0.1），这些节点称作转折点，通常是连接两个不同领域的关键枢纽。注意，当节点数超过 500 时，CiteSpace 在运算过程中将停止计算中心度，并且全部显示为 0，解决办法为从菜单栏中选择 Nodes→Compute Node Centrality。

- Eigenvector Centrality：一个节点的重要性不仅取决于其相邻节点的数量（即度中心度），还取决于相邻节点的重要性。

- Sigma：结合中介中心度和节点在时间上的重要性（突发性）两个指标来测度节点的重要性。

- PageRank Score（页面排序分数）：PageRank 算法由谷歌提出，用于衡量网页的重要性，基本思想是如果指向某网页的链接非常多且质量较高，则该网页的质量也较高。

- Uniform Size：用于统一节点大小。

- Cluster Membership：根据聚类的组成，设置节点的颜色，也就是说，不同颜色的节点代表不同的聚类。

- WoS TC：表示引证次数。

- WoS U180：表示最近 180 天的使用情况。

- WoS U2013：表示从 2013 年开始使用的情况。

2）信息汇总

在 CiteSpace 中，从菜单栏中选择 Export→Network Summary Table，弹出 CiteSpace-Summary Table 窗口（见图 3-23）。其中展示关键词、关键词出现频次、突现值、中心度等信息。Freq、Burst、Centrality 这 3 个指标均代表了关键词节点的重要性。当然，在其他共现网络中，它们也可以代表文献、作者、机构等知识单元的重要性。

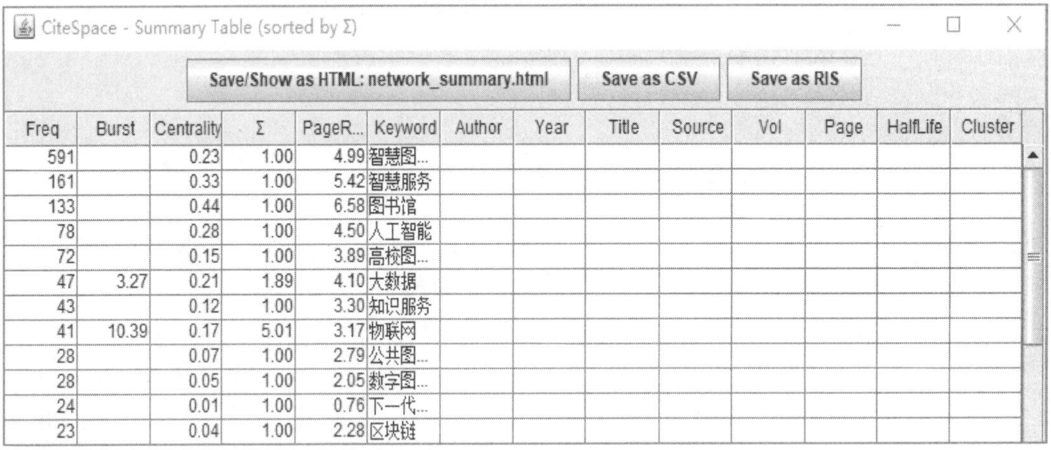

Freq	Burst	Centrality	Σ	PageR...	Keyword	Author	Year	Title	Source	Vol	Page	HalfLife	Cluster
591		0.23	1.00	4.99	智慧图...								
161		0.33	1.00	5.42	智慧服务								
133		0.44	1.00	6.58	图书馆								
78		0.28	1.00	4.50	人工智能								
72		0.15	1.00	3.89	高校图...								
47	3.27	0.21	1.89	4.10	大数据								
43		0.12	1.00	3.30	知识服务								
41	10.39	0.17	5.01	3.17	物联网								
28		0.07	1.00	2.79	公共图...								
28		0.05	1.00	2.05	数字图...								
24		0.01	1.00	0.76	下一代...								
23		0.04	1.00	2.28	区块链								

图 3-23　CiteSpace-Summary Table 窗口

3）标签调节

在 CiteSpace 可视化视图中，单击 Control Panel 中的 Labels 标签（见图 3-24），可在 Labels 选项卡中对文献节点的标签数量、字体大小以及节点大小进行调节，使图谱结构更加清晰，可视化效果更好。节点的标签数量可以通过 Threshold（阈值）选项设置。阈值越大，显示的节点的标签数量越少；反之，节点数量越多。字体大小可以通过 Font Size 选项设置，过多的标签或过大的字体会造成重叠覆盖，影响图谱的辨识和美观。节点的放大和缩小可以通过 Node Size 选项设置。

4）知识单元合并及删除

文献中的关键词经常出现一义多词的情况，如"RFID 技术"和"RFID"，因此需要对同义词节点进行合并处理，合并后在图谱中统一显示为"RFID"。在 CiteSpace 的图谱中，选择某个"RFID"节点，右击，从弹出的快捷菜单中选择"Primary Alias"。接着，选择与该节点同义的待合并节点，右击，从弹出的快捷菜单中选择"Secondary Alias"，操作结束后重新运行软件，图谱中的"RFID 技术"与"RFID"合并为"RFID"。此时会在 project 文件夹中自动生成名为 citespace.alias 的文件，内容格式形如@PHRASE RFID、#@PHRASE RFID，后续可以按照该格式手动批量添加。另外，这种方法同样适用于作者、机构、期刊等知识单元的合并。

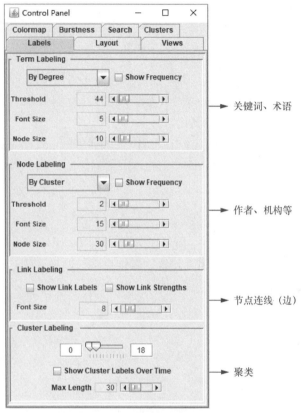

图 3-24　标签调节控制面板

若用户想隐藏某个节点，可以取消勾选左侧节点信息列表区域的 Visible 复选框。另外，若用户想排除图谱中的节点，则可以选中该节点，并右击选择 Add to the Exclusion List，重新运行软件。此时会在 project 文件夹中自动生成名为 citespace.exclusion 的文件，后续可以按照该方式手动批量添加。

2. 聚类视图

传统的 k 均值算法、EM 聚类算法存在局部最优化局限性，CiteSpace 采用的是基于图论的谱聚类（spectral clustering）算法，因此适用于基于节点间的连接关系强度而不是节点属性的聚类。谱聚类算法的原理是根据给定的样本数据集，生成一个描述数据样本相似度的相似矩阵，并计算矩阵的特征值和特征向量，选择合适的特征向量，实现不同数据样本的聚类。

CiteSpace 聚类的查找可以通过选择菜单栏中的 Clusters→Find Clusters 或者单击工具栏中图标 （见图 3-25）实现。

图 3-25　聚类的查找

中间的字母 "T" "K" "A" "KTA" 分别表示聚类标签名从文献的标题、关键词、摘要字段以及标题、关键词、摘要的组合字段中提取，默认选择从标题提取。当聚类处理完成后，聚类标签名会在聚类区域显示，聚类标签名前以 "#+数字" 作为标识符，数字从 0 开始递增，并且聚类中包含的成员数量越大，编号越小。LSI（Latent Semantic Indexing，隐语义索引，旧版本是 TF-IDF 算法）、LLR（Log-Likelihood Ratio，对数似然比）算法、MI（Mutual Information，互信息）算法是提取聚类名的不同算法，以权重值最高的特征词来表示聚类名，其中默认算法为 LLR 算法。

注意，不同算法提取的聚类名各异，而且在实际操作中从摘要字段提取的效果较好，但是总体而言，语义表达欠恰当、准确，因此建议读者结合学科领域知识进行辨识。

关键词聚类结果如图 3-26 所示，其左上角区域展示与图谱相关的指标值。

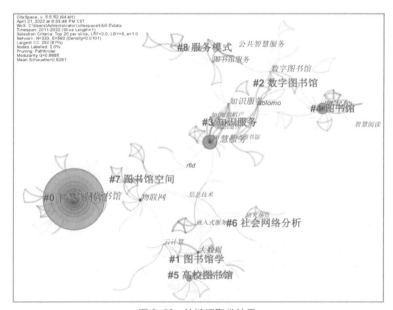

图 3-26　关键词聚类结果

在 Network 指标中，N 代表节点数，E 代表节点连线数（即边数），Density 表示网络密度。Modularity 和 Mean Silhouette 两个参数用于衡量聚类效果，Modularity 表示网络的模块值，

Mean Silhouette 表示网络的轮廓值，反映网络的同质性，两个参数的范围均为[0,1]，参数越大表明聚类效果越好。若 Modularity>0.3，表明网络团体结构显著；若 Mean Silhouette>0.5，表明聚类结果是合理的。

CiteSpace 运行的初始结果是将关键词分为 26 个聚类，聚类数量过多且繁杂，因此将聚类规模排名前 10 的聚类突出显示。选择菜单栏中的 Clusters→Show the Largest K Clusters，在弹出的对话框中，输入 K 值——10，并单击"确定"按钮，设置可见聚类数，如图 3-27 所示。

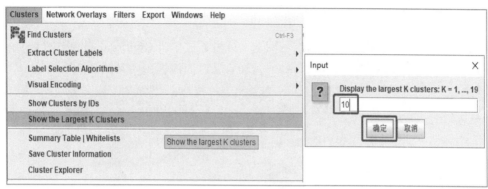

图 3-27　设置可见聚类数

通过选择菜单栏中的 Clusters→Cluster Explorer，查看聚类详细信息，如图 3-28 所示。

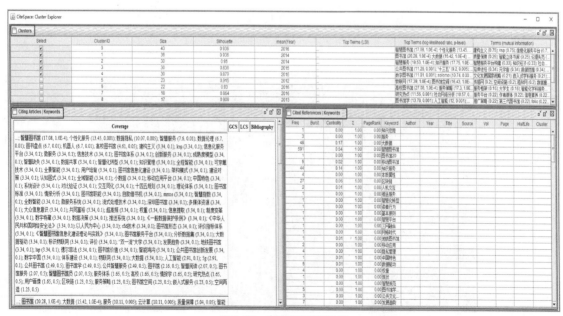

图 3-28　查看聚类详细信息

此外，这里还显示了 Citing Articles | Keywords 和 Cited References | Keywords 窗格，用于在文献共被引中查看施引文献和被引文献信息。注意，如果要查看聚类信息，必须先选择菜单栏中的 Clusters→Save Cluster Information 来保存聚类结果。

3. 时间线视图

CiteSpace 的时间线视图用于反映聚类之间的关系和某个聚类中元素（关键词、被引文献等）的历史跨度。在时间线视图中，纵坐标代表聚类，横坐标代表发表时间，同一聚类的节点按照时间顺序排列在同一水平线，展现该聚类中知识单元的时序分布。

在 CiteSpace 中，单击菜单栏中的 图标，或者通过单击 Control Panel 中的 Layout 标签设置视图类型为 Timeline View（见图 3-29），会打开时间线视图（见图 3-30）。

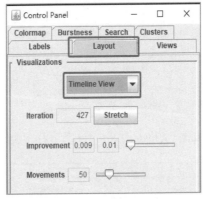

图 3-29　设置视图类型为 Timeline View

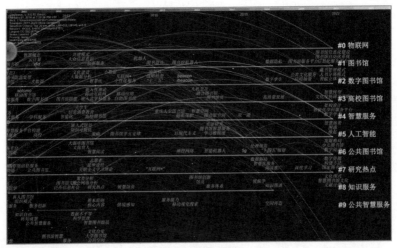

图 3-30　时间线视图

4. 突现检测视图

在 CiteSpace 中，打开突现检测视图的方法如下。

单击 Control Panel 中的 Burstness 标签，与突现检测相关的参数保持默认值，单击 View 按钮，打开用于设置突现词数量的 Input 对话框（见图 3-31）。

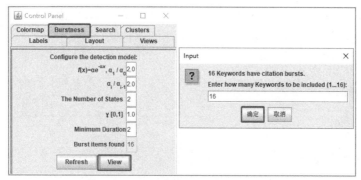

图 3-31　打开 Input 对话框

单击"确定"按钮，会出现突现检测结果（见图 3-32）。列表中前 5 列分别显示关键词、时间切片起始年、突现强度、起始出现年、结束出现年。

Top 16 Keywords with the Strongest Citation Bursts

Keywords	Year	Strength	Begin	End	2011 - 2022
物联网	2011	6.9341	2011	2013	
公共智慧服务	2011	2.9259	2012	2014	
云计算	2011	4.3847	2012	2015	
智慧城市	2011	3.1112	2012	2016	
个性化服务	2011	3.7519	2015	2017	
图书馆学五定律	2011	2.574	2015	2017	
互联网+	2011	5.3296	2015	2017	
"互联网+"	2011	3.2069	2016	2018	
人工智能	2011	5.3243	2018	2020	
5G	2011	4.8135	2019	2022	
用户画像	2011	2.7087	2019	2022	
区块链	2011	3.3795	2019	2022	
"十四五"规划	2011	4.9092	2020	2022	
阅读推广	2011	3.6747	2020	2022	
高质量发展	2011	3.6747	2020	2022	
数字孪生	2011	3.2643	2020	2022	

图 3-32　突现检测结果

图 3-32 直观地展示了历年来智慧图书馆领域的研究热点和前沿趋势，从突现词分布来看，涉及技术手段、服务模式及发展规划等层面。其中"物联网"的突现强度值最高（6.9341），

是 2011—2022 年中关注最早并且关注度最高的研究热点，个性化服务、互联网+、人工智能等是 2015—2018 年的研究热点，5G、用户画像、区块链、数字孪生等是 2019—2020 年的突现词，代表了研究前沿。

3.2.7　科研合作网络图谱

在科研合作网络图谱中，节点可以表示作者、机构或国家，节点的大小代表发表论文的数量，节点之间的连线代表作者之间的合作关系，连线的宽度代表合作强度。在网络生成后，可进行聚类，聚类内部的节点合作密切，各个聚类之间的合作较少。

作者合作网络图谱如图 3-33 所示。

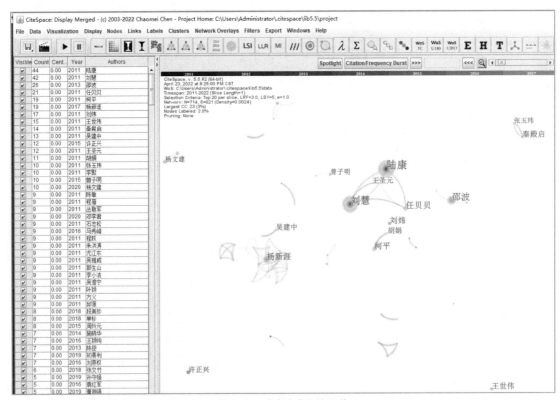

图 3-33　作者合作网络图谱

从左侧列表可以看出，陆康 2011 年发表的文献被引用次数最多，右击节点"陆康"，从弹出的快捷菜单中选择 Citation History，会弹出相应窗口，默认显示作者发文量历史走势图（见图 3-34）。

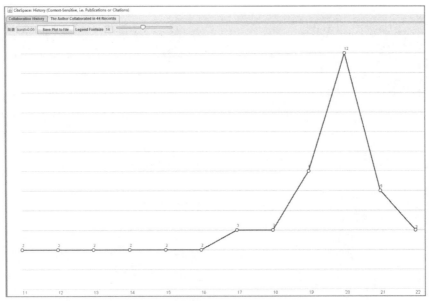

图 3-34　作者发文量历史走势图

单击 The Author Collaborated in 44 Records 标签，会显示该作者的文献明细（见图 3-35）。由图 3-35 可见，文献存在独著和合著情况。

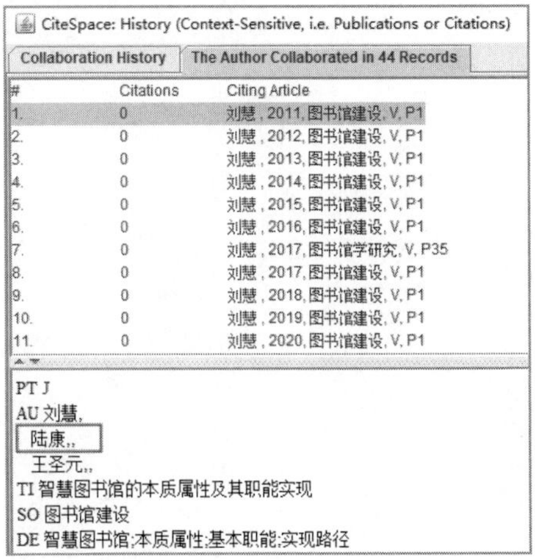

图 3-35　作者的文献明细

机构合作网络图谱如图 3-36 所示。

从左侧列表可以看出南京大学信息管理学院的发文量最多，右击节点"南京大学信息管理学院"，从弹出的快捷菜单中选择 Citation History，会弹出相应窗口，默认显示该机构发文量历史走势图（见图 3-37）。

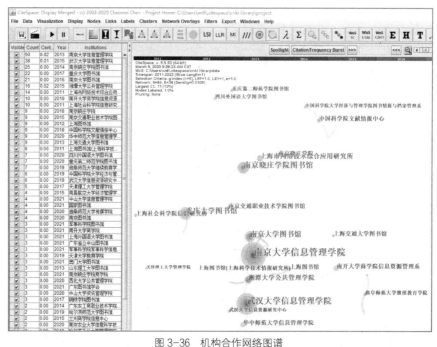

图 3-36　机构合作网络图谱

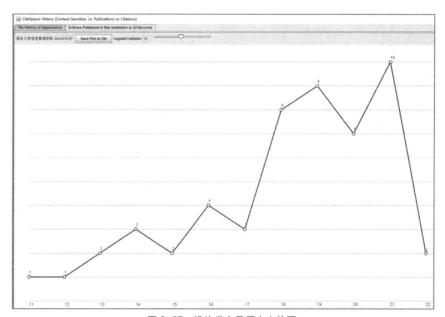

图 3-37　机构发文量历史走势图

单击 Articles Published in this Institution in 52 Records 标签，会显示该机构的文献明细（见图 3-38）。由图 3-38 可见，文献存在独著和合著情况。

CiteSpace: History (Context-Sensitive, i.e. Publications or Citations)

The History of Appearance | Articles Published in this Institution in 52 Records

#	Citations	Citing Article
1.	0	刘婧，2019，图书馆，V，P46
2.	0	刘婧，2021，图书馆学研究，V，P17
3.	0	单轸，2018，图书馆学研究，V，P2
4.	0	单轸，2018，图书馆学研究，V，P20
5.	0	单轸，2018，图书馆学研究，V，P9
6.	0	单轸，2019，图书馆学研究，V，P8
7.	0	单轸，2021，图书馆学研究，V，P2
8.	0	单轸，2021，图书馆学研究，V，P27
9.	0	叶继元，2020，图书与情报，V，P1
10.	0	叶继元，2021，中国图书馆学报，V47，P53
11.	0	周苹，2020，图书馆，V，P48
12.	0	唐清，2019，图书馆工作与研究，V，P67
13.	0	孙金娟，2019，图书馆学研究，V，P2
14.	0	孙鹏，2021，大学图书馆学报，V39，P91
15.	0	张文竹，2018，图书馆学研究，V，P2
16.	0	张文竹，2019，图书馆学研究，V，P10
17.	0	张晓庆，2021，图书馆学研究，V，P59
18.	0	徐潇洁，2018，图书馆学研究，V，P37

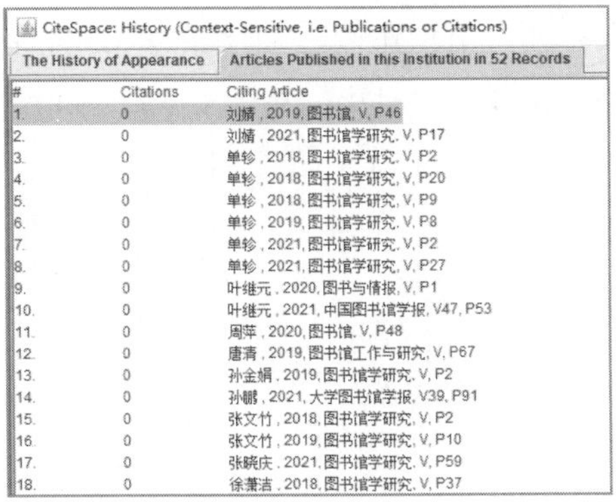

图 3-38　机构的文献明细

3.2.8　共被引网络

由于 CNKI 题录缺乏参考文献信息，因此本节针对 CSSCI 中的文献进行共被引分析。在 CiteSpace 主界面中，依次设置 Node Types 为 Reference、Cited Author 和 Cited Journal，可分别进行文献、作者、期刊共被引分析。

Top N 选项卡中的阈值设为 20，为了显示中文聚类名，聚类标签选择从关键词中提取，生成的文献共被引网络如图 3-39 所示。

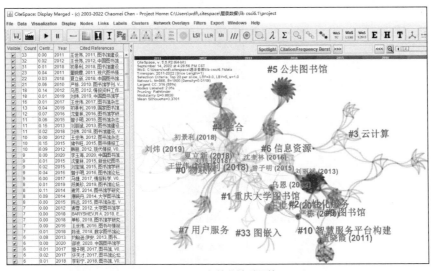

图 3-39　文献共被引网络

由图 3-39 可见，智慧图书馆领域的研究前沿分别为物联网、重庆大学图书馆、个性化服务、云计算、融合、公共图书馆、信息资源、用户服务、图书馆、智慧服务平台构建、图嵌入。

从左侧列表可以看出王世伟 2011 年发表的文献被引用次数最多，右击节点"王世伟 (2011)"，选择 Citation History，出现被引时序分布图（见图 3-40）。单击 The Reference Cited in 33 Records 标签，出现该文献的施引文献（见图 3-41）。

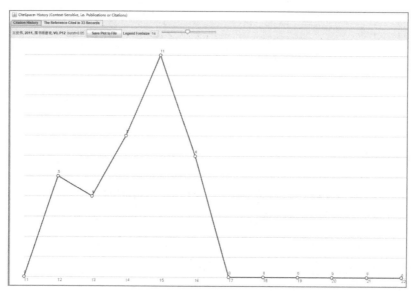

图 3-40　被引时序分布图

#	Citations	Citing Article
1.	0	乌恩, 2012, 情报资料工作, V, P102
2.	0	余丹, 2015, 西南民族大学学报(人文社科版), V36, P238
3.	0	侯松霞, 2016, 图书馆工作与研究, V, P5
4.	0	储节旺, 2015, 图书情报工作, V59, P27
5.	0	刘丽玲, 2013, 图书馆建设, V, P87
6.	0	刘亚玲, 2016, 图书馆论坛, V, P31
7.	0	刘宝瑞, 2015, 图书馆学研究, V, P26
8.	0	刘岩, 2015, 图书馆学研究, V, P9
9.	0	卢志国, 2015, 图书馆, V, P46
10.	0	吴吉玲, 2015, 情报资料工作, V, P43
11.	0	孙利芳, 2015, 图书馆工作与研究, V, P17
12.	0	唐晓丹, 2014, 大学图书馆学报, V, P78
13.	0	曾子明, 2015, 图书馆杂志, V34, P16
14.	0	曾子明, 2016, 图书馆论坛, V, P57
15.	0	李一平, 2013, 图书情报工作, V57, P5
16.	0	李后卿, 2016, 图书馆, V, P80
17.	0	李小涛, 2014, 情报资料工作, V, P6
18.	0	李显志, 2013, 图书馆杂志, V, P12
19.	0	李燕波, 2014, 国家图书馆学刊, V23, P63
20.	0	潘杏仙, 2014, 图书馆工作与研究, V, P48
21.	0	王世伟, 2012, 中国图书馆学报, V38, P22
22.	0	王世伟, 2012, 图书馆杂志, V31, P2
23.	0	王世伟, 2016, 图书与情报, V, P54

图 3-41　王世伟 2011 年发表的文献的施引文献

由图 3-41 可见，该文献存在他引和自引情况。

若想查看某个聚类的施引文献，必须选择根据标题或摘要提取聚类标签。接着从菜单栏中选择 Clusters→Cluster Explorer，查看聚类的详细信息，其中包括各个聚类信息、施引文献信息以及参考文献信息等，如图 3-42 所示。

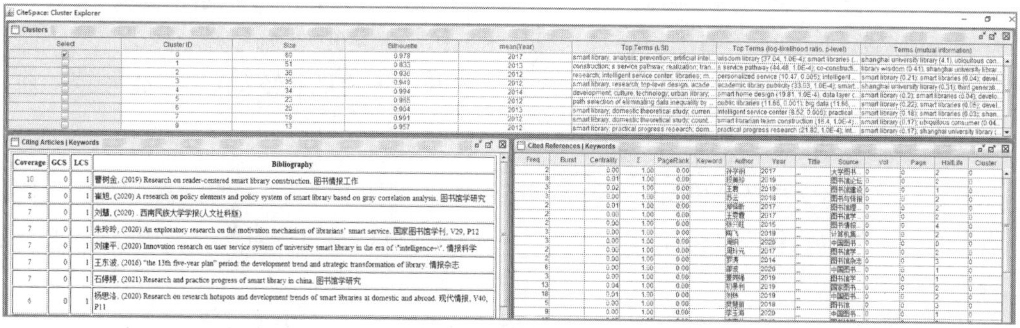

图 3-42　聚类的详细信息

注意，Coverage（覆盖）使用施引文献引用的对应聚类中的文献数量表示。

其中，被引文献规模最大的聚类（0#物联网）包含 69 篇文献，包括初景利的"智慧图书馆与智慧服务"，夏立新的"融合与重构：智慧图书馆发展新形态"，刘炜的"5G 与智慧图书馆建设"，王世伟的"略论智慧图书馆的五大关系"等，这些高被引文献代表了物联网领域的研究基础。聚类#0 的主要施引文献包括曹树金的"以读者为中心的智慧图书馆研究"（Coverage 为 10），崔旭的"基于灰色关联分析的智慧图书馆政策要素和政策体系研究"（Coverage 为 8），刘慧的"智慧图书馆模式研究述评"等论文（Coverage 为 7），这些文献代表了物联网领域的研究前沿。

图 3-43 显示了高突现共被引文献列表，代表了不同时期受关注的被引文献。

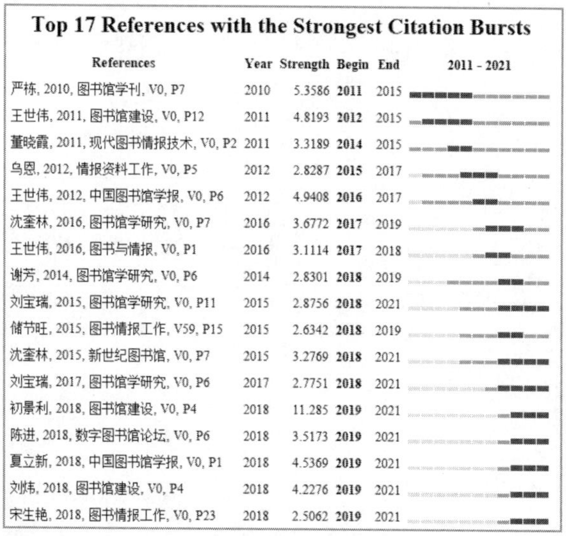

Top 17 References with the Strongest Citation Bursts

References	Year	Strength	Begin	End	2011 - 2021
严栋, 2010, 图书馆学刊, V0, P7	2010	5.3586	2011	2015	
王世伟, 2011, 图书馆建设, V0, P12	2011	4.8193	2012	2015	
董晓霞, 2011, 现代图书情报技术, V0, P2	2011	3.3189	2014	2015	
乌恩, 2012, 情报资料工作, V0, P5	2012	2.8287	2015	2017	
王世伟, 2012, 中国图书馆学报, V0, P6	2012	4.9408	2016	2017	
沈奎林, 2016, 图书馆学研究, V0, P7	2016	3.6772	2017	2019	
王世伟, 2016, 图书与情报, V0, P1	2016	3.1114	2017	2018	
谢芳, 2014, 图书馆学研究, V0, P6	2014	2.8301	2018	2019	
刘宝瑞, 2015, 图书馆学研究, V0, P11	2015	2.8756	2018	2021	
储节旺, 2015, 情报资料工作, V59, P15	2015	2.6342	2018	2021	
沈奎林, 2015, 新世纪图书馆, V0, P7	2015	3.2769	2018	2021	
刘宝瑞, 2017, 图书馆学研究, V0, P6	2017	2.7751	2018	2021	
初景利, 2018, 图书馆建设, V0, P4	2018	11.285	2019	2021	
陈进, 2018, 数字图书馆论坛, V0, P6	2018	3.5173	2019	2021	
夏立新, 2018, 中国图书馆学报, V0, P1	2018	4.5369	2019	2021	
刘炜, 2018, 图书馆建设, V0, P4	2018	4.2276	2019	2021	
宋生艳, 2018, 图书情报工作, V0, P23	2018	2.5062	2019	2021	

图 3-43　高突现共被引文献列表

其中，初景利的"智慧图书馆与智慧服务"的突现值最高（11.285），他指出"智慧图书馆是智能技术、智慧馆员和图书馆业务与管理三方相互作用、相互融合的结果，智慧图书馆的核心是智慧服务"。严栋的"基于物联网的智慧图书馆"的突现值次高（5.3586），突现时段在2011—2015 年，该文献是反映智慧图书馆融入物联网技术的早期经典文献，对物联网研究产生了深远影响，有重要的学术参考价值。

此外，王世伟的文献"未来图书馆的新模式——智慧图书馆"和文献"论智慧图书馆的三大特点"的突现值也比较高（分别为 4.8193、4.9408）。这两篇是其代表作，在学界产生了巨大影响。

从文献年份来看，2018 年发表的 5 篇文献的突现时段在 2019—2021 年。其中夏立新的"融合与重构：智慧图书馆发展新形态"提出融合资源、人和空间三大核心要素，构建智慧环境以支持用户智慧活动的智慧图书馆建设理念及服务模式。刘炜的"智慧图书馆标准规范体系框架初探"提出智慧图书馆体系结构模型，该模型主要由智慧产品和智慧服务、图书馆业务管理系统和智能楼宇系统组成，基于该模型设计标准规范体系框架。陈进的"智慧图书馆的架构规划"提出"资源、技术、服务、馆员和用户"五要素的架构规划方案。

限于篇幅原因，这里不讨论作者共被引网络（见图 3-44）和期刊共被引网络（见图 3-45），读者可参照文献共被引网络的分析方法进行实践。

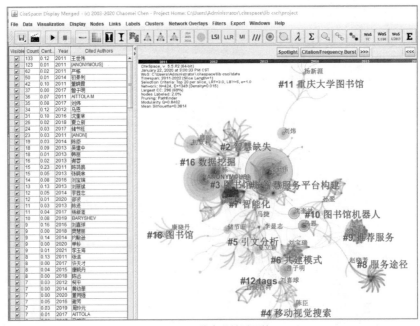

图 3-44　作者共被引网络

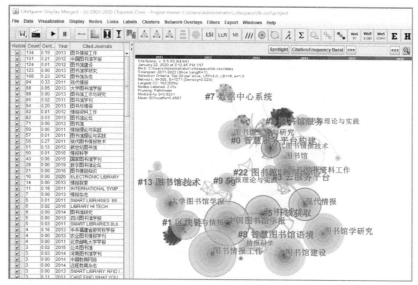

图 3-45 期刊共被引网络

3.2.9 保存图谱

在 CiteSpace 中，单击 GO! 按钮，待软件执行完数据计算处理后，会显示 Visualize、Save AS GraphML 选项。无论选择哪个选项，在 project 文件夹中都会生成"数字.graphml"格式的文件。通过 Gephi 软件打开该文件，设置节点/边的颜色、大小以及布局等参数后，可生成图谱，如图 3-46 所示。

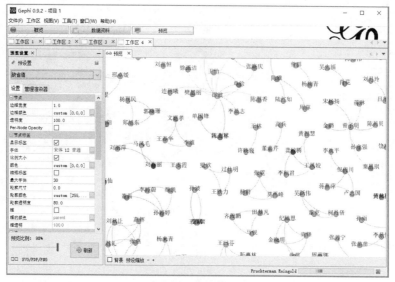

图 3-46 生成的图谱

在 CiteSpace 中，从菜单栏选择 Export→Network→Pajek(.net with time intervals)，将图谱导出成 ".net" 格式的 Pajek 网络文件（见图 3-47），该文件可以使用 VOSviewer、UCINET、Pajek 以及 Gephi 等软件进行可视化。

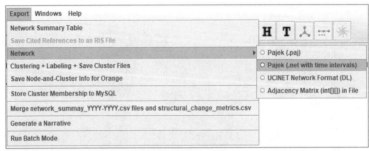

图 3-47　导出图谱

以 Pajek 软件为例，单击 Networks 按钮下的打开文件图标，打开网络文件，单击☑图标，生成图谱（见图 3-48）。

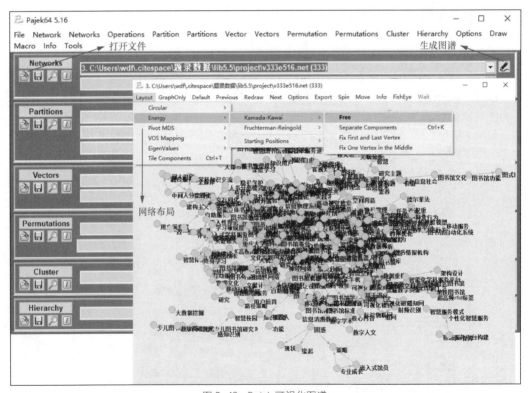

图 3-48　Pajek 可视化图谱

此外，从 CiteSpace 菜单栏中选择 File→Save As PNG，将图谱另存为 PNG 格式的图片。

3.3 VOSviewer

3.3.1 VOSviewer 简介

VOSviewer 是一款用来构建和查看文献计量图谱的免费文献计量分析软件。VOSviewer 中的 VOS 表示相似的可视化（Visualization Of Similarities）。作为一款功能齐全的集成化工具，VOSviewer 支持关键词共现、文献耦合、共被引及合作网络等分析（见表 3-1）。

表 3-1　VOSviewer 支持的分析类型

分析类型	分析对象
合作（co-authorship）	作者、机构、国家/地区
共现（co-occurrence）	关键词
引文（citation）	文献、出版物、作者、机构、国家/地区
文献耦合（bibliographic coupling）	文献、出版物、作者、机构、国家/地区
共被引（co-citation）	参考文献、出版物、作者
主题	题名或摘要或题名+摘要

VOSviewer 提供了 3 种可视化方案——使用标签视图、使用覆盖视图、使用密度视图。VOSviewer 图谱中的知识单元节点称作条目（item）。

VOSviewer 中的可视化分析大致分为两步。

首先，使用 VOS mapping 算法计算节点在二维空间的分布，节点之间的相似性使用欧氏距离来表示。

其次，通过 VOS clustering 算法对节点进行聚类，并为节点填充颜色。

VOSviewer 目前主要支持的文献数据源包括文献数据库文件、参考文献管理文件。其中文献数据库文件支持 WOS、Scopus、Dimensions、PubMed 格式，参考文献管理文件支持 RIS、EndNote 和 RefWorks 这 3 种格式。

注意，对 CNKI 导出的文本数据只能进行简单的共词分析和作者合作分析，而且建议将 CNKI 数据导出为 EndNote 格式，若导出为 RefWorks 格式，VOSviewer 会将英文关键词也提取出来，从而影响分析结果。

3.3.2　下载与运行 VOSviewer

VOSviewer 软件可以从其官网下载，截至本书完稿前其最新版本为 1.6.18，本书采用的版本是 1.6.17。解压缩后的软件目录结构如图 3-49 所示。

图 3-49　软件目录结构

单击 VOSviewer.exe 文件，会弹出启动界面（见图 3-50）。

图 3-50　启动界面

等待片刻，即可打开 VOSviewer 主界面（见图 3-51）。

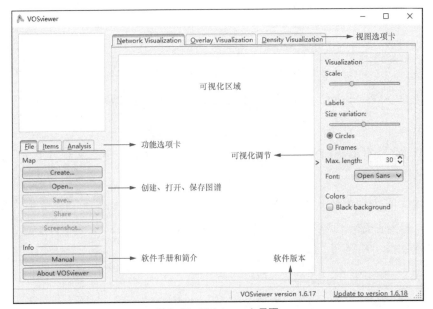

图 3-51　VOSviewer 主界面

主界面大致分为 3 个区域，左侧区域用于创建、打开、保存图谱，查看软件手册及简介等，中间区域用于展示可视化结果，右侧区域用于调整可视化效果。

3.3.3 知识单元合并及删除

文献题录信息中很多关键词的语义相同而写法各异，如"RFID 技术"和"RFID"，"高校图书馆"和"大学图书馆"，"创新服务"和"服务创新"等。为了便于统计，要进行关键词替换与合并。一些宽泛的、代表研究对象本身的词汇需要删除，如"高校""对策""图书馆""智慧图书馆""智能图书馆""重庆大学图书馆"等。以上关键词可以通过对词频行统计分析而发现。这些无关词汇可以通过 VOSviewer 或 BICOMB 软件进行词频统计。

VOSviewer 的子文件夹 data 包含 thesaurus_authors.txt 和 thesaurus_terms.txt 两个同义词词典文件，可以作为对作者或者关键词、机构、参考文献、期刊等进行替换或者删除的依赖文件。两个文件的格式一样，实际操作中，虽然可以将两个文件合二为一，但是仍建议按需创建多个文件，分别处理不同的分析对象。

图 3-52 所示为文件 thesaurus_terms.txt，该文件包含两列。

图 3-52　thesaurus_terms.txt

第一行是标识，label 表示待替换或删除的对象；replace by 表示替换后的对象，当为空值时，表示删除待替换对象。需要注意的是，label 和 replace by 之间用制表符分隔。

3.3.4 创建图谱

在 VOSviewer 中，单击左侧活动面板中的 File 标签，在出现的 File 选项卡中，单击 Create 按钮，会弹出 Create Map 对话框，选择数据类型，单击 Next 按钮，即可开始创建图谱，如图 3-53 所示。

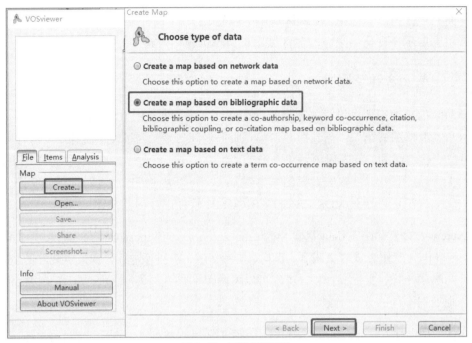

图 3-53 开始创建图谱

创建图谱的方法有以下 3 种。

- 基于网络数据（network data）的方法。该方法支持 VOSviewer、JSON、GML 和 Pajek 这 4 种格式的文件（见图 3-54）。前 3 种格式的文件的扩展名分别为.txt、.json 和.gml。VOSviewer 选项卡下面有 VOSviewer map file 和 VOSviewer network file 两个文本文件。Pajek 格式的文件的扩展名有 3 种，分别为.net、.clu 和.vec，分别表示 Pajek 的网络文件、聚类结果以及节点大小信息。注意，在选择 VOSviewer 和 Pajek 格式的文件时，至少选择一个网络文件。

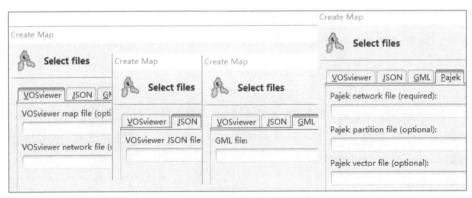

图 3-54 基于网络数据创建图谱

- 基于文献数据（bibliographic data）的方法。该方法支持的数据源包括文献数据库文件、参考文献管理文件、API，其中数据库支持 WOS、Scopus、Dimensions、PubMed 等格式，参考文献管理文件支持 RIS、EndNote 和 RefWorks 这 3 种格式，API 支持 Crossref、维基数据等格式。

- 基于文本数据（text data）的方法。该方法用于挖掘文献主题，支持的数据源包括上述的文献数据库文件、参考文献管理文件、数据库提供的 API 以及 VOSviewer 文件（corpus 文件和 scores 文件）。

本节针对 CNKI 的 RefWorks 格式的题录数据进行分析，操作步骤如下。

（1）为了基于文献数据方法创建图谱，在 Create Map 对话框中，单击 Read data from references manager files 单选按钮，单击 Next 按钮。在接下来的对话框中，选择数据源，单击 Next 按钮。在接下来的对话框中，单击 RefWorks 标签，在 RefWorks 选项卡中，选择文件（见图 3-55）。

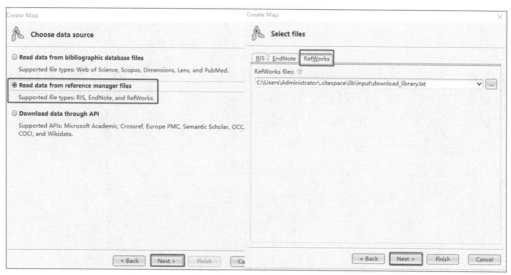

图 3-55　基于文献数据创建图谱

（2）单击 Next 按钮，在弹出的对话框中，选择分析类型、分析单元、计数方法和文件，Type of analysis 选项设置为 Co-occurrence（共现），Unit of analysis 设置为 Keywords（关键词），Counting method 选项设置为默认值 Full counting，在 VOSviewer thesaurus file (optional)选项中，选择前面创建的 thesaurus_terms.txt 文件（见图 3-56）。VOSviewer 计数方式分为两种——完整计数（Full counting）和分数计数（Fractional counting）。例如，在一篇四人合著论文的作者合作分析中，完整计数代表各个作者具有相同的权重 1；分数计数代表不考虑作者在合作网络中的自连接，每对作者的合作连接权重为 1/(4-1)，即 1/3。

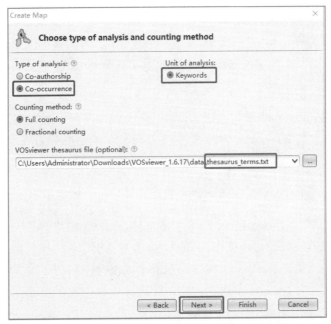

图 3-56　选择分析类型、分析单元、计数方法和文件

（3）单击 Next 按钮，在弹出的对话框中，选择关键词出现频次阈值，如图 3-57（a）所示，该阈值是指关键词最少出现的频次，默认值为 5。单击 Next 按钮，在弹出的对话框中，选择关键词数，如图 3-57（b）所示，保持默认值（75，符合阈值的最大值）即可。

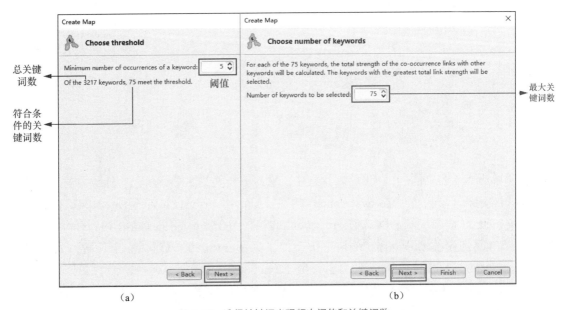

图 3-57　选择关键词出现频次阈值和关键词数

（4）单击 Next 按钮，在弹出的对话框中，验证选择的关键词（见图 3-58），该对话框中的关键词列表显示关键词、出现频次、总连接强度，支持数据导出。

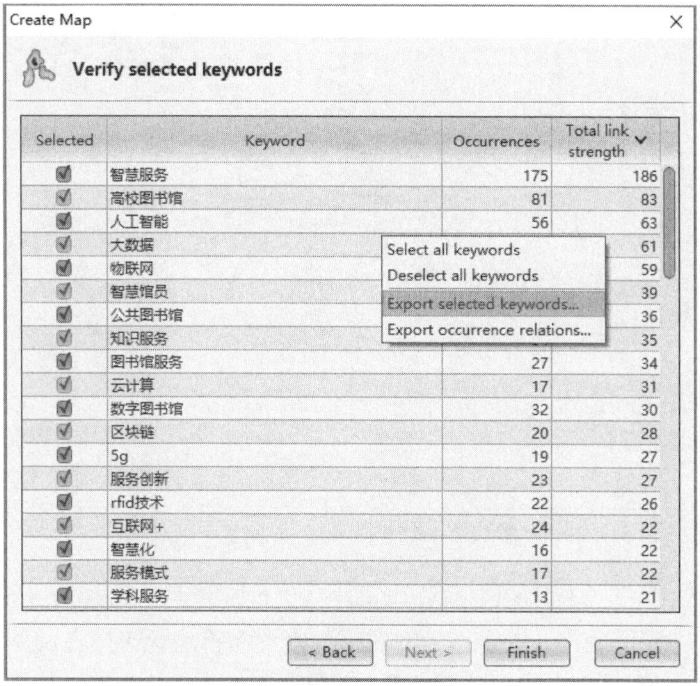

图 3-58　验证选择的关键词

（5）单击 Finish 按钮，生成共词网络图谱，默认视图为网络视图，如图 3-59 所示，其中相同颜色的节点代表某个聚类中的成员群体。

注意，默认节点之间可能距离较近，甚至重叠，影响可视化分析，解决方法如下。

Analysis 选项卡用于设置 Layout（布局）和 Clustering（聚类）。布局和聚类是 VOSviewer 的核心技术，VOSviewer 在生成网络图谱时，首先对网络进行布局，然后进行聚类。

布局方法采用基于距离的可视化方法确定节点在二维空间中的位置，聚类方法与模块化聚类方法类似。VOSviewer 采用力引导布局算法，模拟物理世界中的引力和斥力。

首先，在 Layout 选项组中，取消勾选 Use default values 复选框。接着，设置 Attraction（引力）和 Repulsion（斥力）参数。Attraction 的取值范围为[-9,10]，该值越大，节点之间的距离越大；Repulsion 的取值范围为[-10,9]，该值越大，节点之间的距离越小。最后，单击 Update Layout 按钮，更新布局。

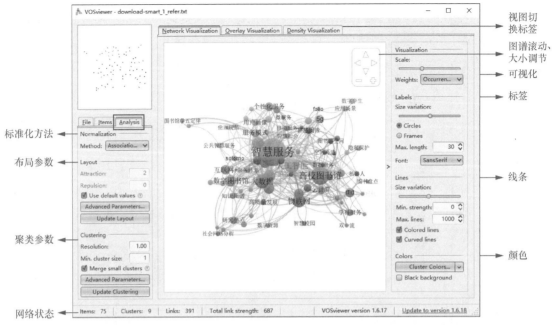

图 3-59　共词网络图谱（网络视图）

VOSviewer 采用的矩阵标准化方法分为 4 种——非标准化（No Normalization）、关联强度（Association Strength）、联合（Fractionalization）概率和模块化（LinLog/Modularity）。默认的矩阵标准化方法是第二种，可以通过左侧的 Analysis 选项卡中 Normalization 选项组中的 Method 选项进行修改。

关联强度计算公式如下。

$$\text{Strength}_{ij} = \frac{c_{ij}}{c_i c_j}$$

式中，c_{ij} 表示节点 i 和节点 j 共同出现的频次；c_i 表示节点 i 与其他节点共同出现的次数；c_j 表示节点 j 与其他节点共同出现的次数。

关于聚类的个数，VOSviewer 起始自动生成聚类个数，如果读者对聚类效果不满意，可通过 Analysis 选项卡中 Clustering 选项组的 Resolution 参数（默认值为 1.00）进行调节。该参数值越大，聚类划分就越细，聚类数相应增多。Min. cluster size 参数（默认值为 1）用于设置每个聚类中最少包含的关键词个数。最后单击 Update Clustering 按钮，更新聚类。

此外，可以通过 VOSviewer 右侧的 Visualization 面板调节图谱节点标签与连线的粗细、节点权重、标签的大小、标签的最大长度及标签的样式等。样式包括圆形（Circles）和长方形

（Frames），连线的粗细（Size variation）、最大数量（Max. lines）；彩色线（Colored lines）和曲线（Curved lines）以及视图的颜色等。

VOSviewer 在绘制图谱时使用默认的颜色进行着色，使用 RGB 十进制编码分别对红色、绿色和蓝色进行标识。若读者需要自定义颜色，选择右侧的 Colors 选项组中 Cluster Colors 下拉列表中的 Edit colors 选项（见图 3-60（a）），在弹出的 Edit Cluster Colors 对话框中，编辑颜色（见图 3-60（b））。

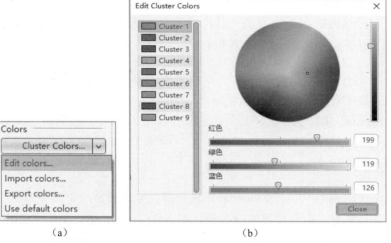

图 3-60　自定义颜色

或者先选择 Colors 选项组中 Cluster Colors 下拉列表中的 Export colors 选项，将颜色文本导出，如图 3-61（a）与（b）所示。编辑文本后，再选择 Colors 选项组的 Cluster Colors 下拉列表中的 Import colors 选项将颜色文本导入，即可替换成自定义的颜色。

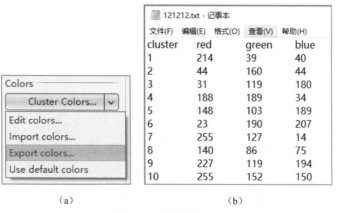

图 3-61　导出颜色文本

3.3.5　可视化视图

VOSviewer 可视化视图可以分为以下 3 种类型。

- 网络视图（Network Visualization）。网络视图中的圆圈和标签组成一个节点，节点的大小取决于节点的度、连线的强度、被引量等；节点的颜色代表其所属的聚类，不同的聚类用不同的颜色标识。在共词网络中，节点的大小（权重）的度量指标通常有 Documents、Links 和 Total link strength，Documents 代表出现的文献数（即出现频次），Links 代表度中心度，Total link strength 代表与其连接节点共现次数的总和。在共被引分析网络中，还增加了被引量（Citations）度量指标。

- 覆盖视图（Overlay Visualization）。在覆盖视图中，可以根据节点的颜色分布分析学科领域内的时序演变过程。颜色默认是蓝色→绿色→红色的过渡渐变色。VOSviewer 根据分值（Score）与颜色的映射关系，给节点着色，节点分值默认取关键词的平均年份（Score=Avg.pub.year）。用户可以根据自己的审美喜好，通过导出、编辑、导入相应的颜色文件，为节点自定义颜色。

- 密度视图（Density Visualization）。密度视图类似于通常所说的热力图，密度视图有两种——条目密度视图和聚类密度视图。在 VOSviewer 中，单击 Density Visualization 标签之后，右侧的 Density 选项组中的 Item density 和 Cluster density 单选按钮可用于在两种视图之间切换。在条目密度视图中，密度大小取决于周围区域节点的数量以及这些节点的权重大小。图谱中的节点（条目）会根据该节点的密度值填充颜色，密度越大，填充色越接近红色；密度越小，填充色越接近蓝色。密度视图借助节点密度颜色来快速识别学科领域内的研究热点。在聚类密度视图中，节点的密度在各个聚类中分别计算。

3.3.6　中文文献可视化图谱

1. 共词网络

1）网络视图

对于共词网络，网络视图如图 3-62（见彩插）所示。

在 VOSviewer 中，单击左侧窗格中的 Items 标签，会出现所有条目（即节点）的聚类结果，通过在 Filter 文本框中输入关键词，在网络中定位相应节点。

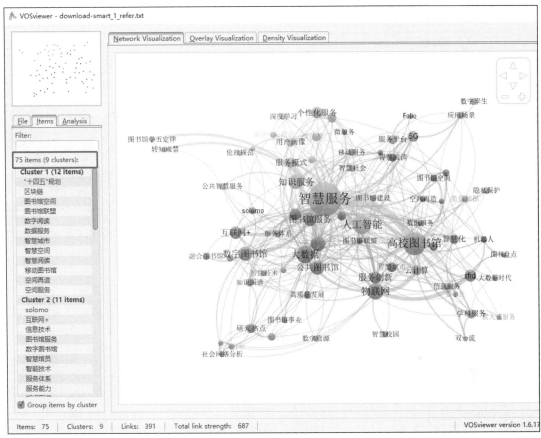

图 3-62 网络视图

由图 3-62 可见，VOSviewer 将 75 个关键词划分为 9 个聚类。聚类结果如表 3-2 所示。

表 3-2 聚类结果

序号	聚类名	关键词
1	不明确	公共图书馆（31）、共词分析（5）、图书馆事业（6）、图书馆学（10）、大数据（49）、数字资源（6）、研究热点（14）、社会网络分析（6）、聚类分析（6）、高质量发展（9）
2	不明确	"十四五"规划（12）、区块链（20）、图书馆空间（8）、图书馆联盟（6）、数字阅读（5）、数据服务（5）、智慧城市（15）、智慧空间（8）、智慧阅读（11）、移动图书馆（12）、空间再造（6）、空间服务（5）
3	学科服务	云计算（17）、信息服务（7）、双一流（5）、大数据时代（5）、学科服务（13）、嵌入式服务（5）、数字化（5）、智慧化（16）、高校图书馆（81）
4	物联网	RFID（22）、图书盘点（5）、智慧城市（15）、智慧校园（6）、服务创新（23）、机器人（7）、物联网（43）
5	阅读推广	人工智能（56）、伦理规范（5）、数据驱动（8）、服务模式（17）、深度学习（6）、用户画像（12）、移动视觉搜索（7）、精准服务（5）、阅读推广（12）

续表

序号	聚类名	关键词
6	馆员、服务和技术	solomo（6）、互联网+（24）、信息技术（8）、图书馆服务（27）、数字图书馆（32）、智慧馆员（35）、智能技术（6）、服务体系（6）、服务能力（6）、知识图谱（9）、融合图书馆（8）
7	个性化服务	个性化服务（20）、图书馆建设（7）、微服务（5）、情境感知（14）、智慧社会（7）、移动服务（8）
8	技术前沿和隐私保护	5G（19）、服务平台（13）、Folio（5）、应用场景（8）、数字孪生（8）、隐私保护（8）、数据挖掘（7）
9	知识服务	公共智慧服务（7）、图书馆学五定律（6）、智慧服务（176）、知识服务（34）、转知成慧（6）

　　由表 3-2 可见，9 个聚类中，聚类 3（学科服务）、聚类 4（物联网）、聚类 5（阅读推广）、聚类 6（馆员、服务和技术）、聚类 7（个性化服务）、聚类 8（技术前沿和隐私保护）、聚类 9（知识服务）这 6 个聚类的主题较明确，聚类 1 和 2 的主题结构混乱、语义不明确。

　　分别修改聚类的 Resolution 参数和 Min. cluster size 参数为 6 与 5，重新聚类后的网络视图如图 3-63 所示。

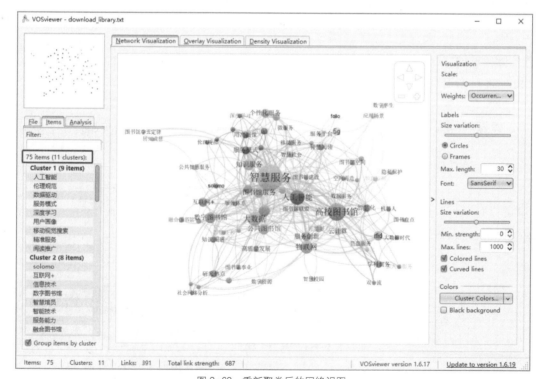

图 3-63　重新聚类后的网络视图

由图 3-63 可见，聚类数变为 11。聚类结果可见表 3-3。

表 3-3 聚类结果（修改参数后）

序号	聚类名	关键词
1	服务模式转型	人工智能（56）、伦理规范（5）、数据驱动（8）、服务模式（17）、深度学习（6）、用户画像（12）、移动视觉搜索（7）、精准服务（5）、阅读推广（12）
2	智慧图书馆构建要素（馆员、服务和技术）	solomo（6）、互联网+（24）、信息技术（8）、数字图书馆（32）、智慧馆员（35）、智能技术（6）、服务能力（6）、融合图书馆（8）
3	热点分析	图书馆事业（6）、共词分析（5）、图书馆学（10）、服务体系（6）、知识图谱（9）、研究热点（14）、社会网络分析（6）、聚类分析（6）
4	数据挖掘和隐私保护	"十四五"规划（12）、云计算（17）、信息服务（7）、数字化（5）、数据挖掘（7）、数据服务（5）、隐私保护（8）
5	区块链和智慧空间	区块链（20）、图书馆空间（8）、数字阅读（5）、智慧空间（8）、智慧阅读（11）、空间再造（6）、空间服务（5）
6	公共图书馆发展	公共图书馆（31）、图书馆联盟（6）、大数据（49）、数字资源（6）、智慧城市（15）、移动图书馆（12）、高质量发展（9）
7	个性化服务	个性化服务（20）、图书馆建设（7）、微服务（5）、情境感知（14）、智慧社会（7）、移动服务（8）
8	学科服务	双一流（5）、大数据时代（5）、学科服务（13）、嵌入式服务（5）、智慧化（16）、高校图书馆（81）
9	物联网	RFID（22）、图书盘点（5）、智慧校园（6）、服务创新（23）、机器人（7）、物联网（43）
10	知识服务	公共智慧服务（7）、图书馆学五定律（6）、图书馆服务（27）、智慧服务（176）、知识服务（34）、转知成慧（6）
11	前沿技术	5G（19）、Folio（5）、应用场景（8）、数字孪生（8）、服务平台（13）

由表 3-3 可以看出，修改聚类参数后聚类结果有所优化，各个聚类的主题明确。

下面对其中 6 个聚类代表的主题进行解读，其余 5 个聚类在后文中再进行解读，此处不赘述。

聚类 1 代表服务模式转型。智慧服务是智慧图书馆的核心，新兴技术为智慧服务提供了技术基础。图书馆通过人工智能实现音视频信息组织与检索、文献翻译、智能网络搜索，能够增强用户体验，提升智慧图书馆的服务质量。随着大数据技术的兴起，数据驱动的研究引起学界关注。在图书馆数据驱动视角下，可深度挖掘各种资源数据之间的科学关联，构建全新的资源知识结构。同时发现隐含在数据背后的用户兴趣偏好，进一步细分用户，注重大众与分众阅读推广相结合，以提高不同类型用户的阅读兴趣及能力。

聚类 3 代表热点分析。学科领域热点分析一直以来都是科研人员热衷的研究主题，在智慧图书馆研究领域，众多学者采用知识图谱工具或自然语言处理模型，基于引文分析、共词分析、社会网络分析、聚类等策略方法，对智慧图书馆领域的研究热点和演化路径进行分析，对智慧图书馆的现状进行反思和总结，对未来发展进行预测，并给予一定的建议和展望。

聚类 4 代表数据挖掘和隐私保护。在大数据、物联网环境下，图书馆正在积极探索如何有效搜集和利用用户身份、行为、生物特征等信息，为读者提供个性化、智慧化服务，逐步向智慧图书馆转型。图书馆应在保障用户信息、电子资源、馆藏流通等数据安全的前提下，在为读者提供服务和保护读者隐私之间找到平衡点。

聚类 5 代表区块链和智慧空间。区块链技术具有去中心化、数据稳定、共识机制三大特征，能够有效解决传统图书馆在信息收集、存储安全和信息传播方面的问题，同时为图书馆电子资源的版权保护提供新的技术途径。区块链技术可以快速推动图书馆智慧服务模式的转变，帮助图书馆培养读者良好的阅读习惯和阅读能力，真正实现图书馆服务以读者阅读需求为中心的智能。

智慧图书馆空间由不受时空限制的虚拟空间和物理空间结合构成，空间再造是重点研究对象之一。图书馆物理空间包括学习空间、信息共享空间、创客空间等类型，在物理空间中，温湿度与光线可以自适应调节，用户可以进行无感借阅、导航找书、座位预约等活动。未来图书馆将发展为支持人人交互、人机交互、沉浸式阅读的复合功能空间形态。在虚拟空间方面，通过引入 VR（Virtual Reality，虚拟现实）技术，用户足不出户，就能随时随地"漫步"在图书馆，与图书馆真实场景进行互动。

聚类 6 代表公共图书馆发展。时代在进步，技术在创新，智慧化公共图书馆是连接用户和信息资源的桥梁，借助 RFID（Radio Frequency IDentification，射频识别）、云计算等技术，我们可以使数据资源得以有效组织、科学分析和精准推荐。2020 年国家图书馆提出全国图书馆空间、资源、服务、管理的全面智慧化升级，使图书馆事业更好地服务于国家创新发展和公众学习阅读。打造省域内跨区域的图书馆联盟服务体系，最终形成国家级知识仓储，应成为各级公共图书馆未来的重点目标和任务。

聚类 10 代表知识服务。知识是人类智慧生成的源泉与保障，图书馆智慧化的根本任务就是以用户需求为中心，以服务用户为宗旨，为用户提供智慧化知识服务。为此，图书馆应当构建文献资源保障体系，满足用户精准化、泛在化、场景化知识服务需求，并为用户提供精品知识，促使用户对知识的求索、创新和"转知成慧"。

2）覆盖视图

共词网络的覆盖视图如图 3-64 所示。

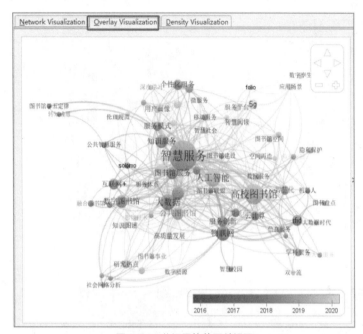

图 3-64　共词网络的覆盖视图

智慧图书馆领域的 4 个演化阶段如下。

- 起步阶段，研究方向包括物联网、云计算、智慧城市、RFID 技术等。

- 缓慢发展阶段，研究方向包括大数据、互联网+、服务创新等。

- 快速发展阶段，研究方向包括智慧服务、知识服务、智慧馆员、个性化服务、学科服务等。

- 前沿探索阶段，研究方向包括人工智能、5G、服务平台、区块链、用户画像、深度学习、数据孪生等。

3）密度视图

共词网络的条目密度视图与聚类密度视图分别如图 3-65 和图 3-66 所示。

由图 3-65 和图 3-66 可见，智慧服务、大数据、高校图书馆是智慧图书馆领域较热门的 3 个研究领域。

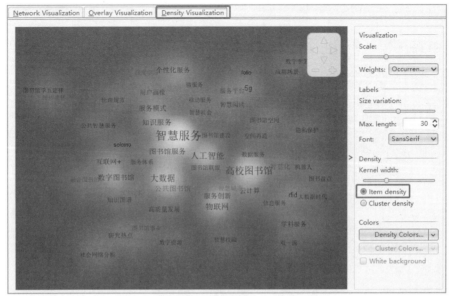

图 3-65　条目密度视图

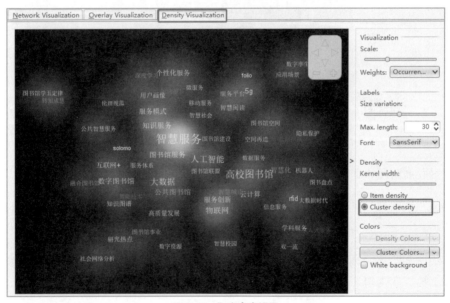

图 3-66　聚类密度视图

2. 作者合作网络

在 Create Map 对话框中，选择分析类型、分析单元和计数方法（见图 3-67），单击 Next 按钮，在弹出的对话框中，设置作者出现频次阈值。该阈值是指作者最少出现频次，也就是作者的最少发文量，默认值为 5，并显示在总作者数（1309）中符合阈值条件的作者数（32，见图 3-68）。

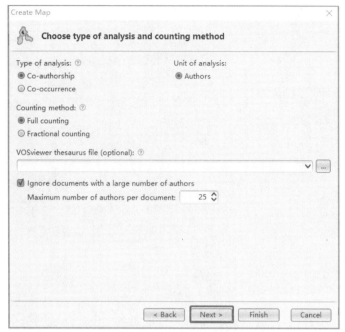

图 3-67　选择分析类型、分析单元和计数方法

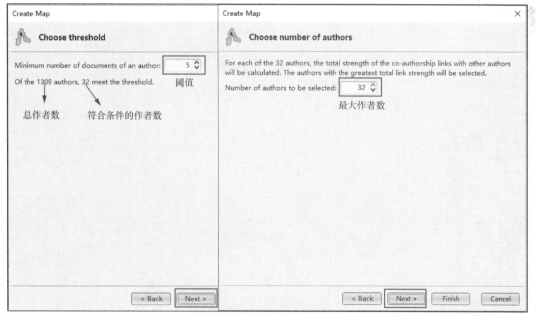

图 3-68　作者数范围设置

　　单击 Next 按钮，选择要分析的最大作者数，保持默认值即可。在弹出的对话框中，继续单击 Next 按钮，出现作者列表（见图 3-69），列表中显示作者名、发文量、总连接强度。

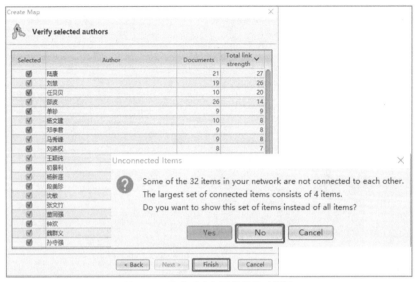

图 3-69　作者列表与网络显示对话框

　　然后，单击 Finish 按钮，出现 Unconnected Items 对话框，提示网络不是完全连通的，询问是否只显示 4 位有关联的作者构成的最大子网。为了查看更多的作者合作情况，单击 No 按钮，生成全部作者的合作网络图谱，如图 3-70 所示。

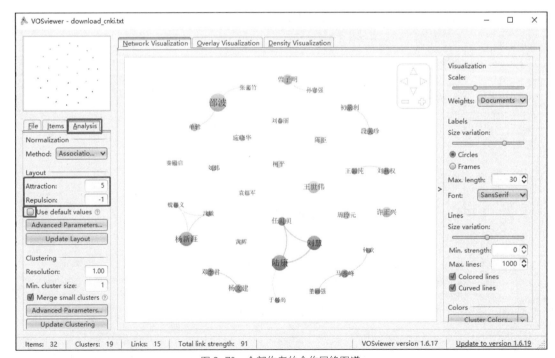

图 3-70　全部作者的合作网络图谱

由图 3-70 可见，作者合作网络中 4 个节点连通的数量为 1，3 个节点连通的数量为 3，两个节点连通的数量为 4，这反映出智慧图书馆研究领域的作者合作都是小团队合作。

其中，邵波、陆康、杨新涯、刘慧、马秀峰与其他作者的合作比较多，形成的主要学术团队有陆康、刘慧、杨新涯、任贝贝和于兴尚构成的团队（以陆康为核心），邵波、单轸、张文竹构成的团队（以邵波为核心），杨新涯、沈敏、魏群义构成的团队（以杨新涯为核心），马秀峰、董同强、钟欢构成的三人团队（以马秀峰为核心）。

此外，从节点大小与显示的作者列表来看，发文量（含独著和合著）排名靠前的高产作者有邵波、陆康、杨新涯、刘慧、王世伟、许正兴、曾子明等，相关信息见表 3-4。

表 3-4　高产作者（按发文量排序）

序号	作者	发文量	机构名
1	邵波	26	南京大学图书馆
2	陆康	21	南京晓庄学院图书馆
3	杨新涯	19	重庆大学图书馆
4	刘慧	19（重名，实数是 18）	南京晓庄学院图书馆
5	王世伟	16	上海社会科学院信息研究所
6	许正兴	12	南京交通职业技术学院图书馆
7	曾子明	12	武汉大学信息资源研究中心
8	杨文建	10	重庆第二师范学院图书馆
9	任贝贝	10	上海市网络技术综合应用研究所
10	单轸	9	南京大学信息管理学院
11	邓李君	9	四川外国语大学图书馆
12	马秀峰	9	曲阜师范大学继续教育学院
13	周玲元	9	南昌航空大学经济管理学院
14	柯平	9	南开大学商学院
15	刘燕权	8	美国南康涅狄格州立大学
16	初景利	8	中国科学院文献情报中心
17	段美珍	8	中国科学院大学经济与管理学院
18	陈臣	8	兰州财经大学信息中心
19	王颖纯	7	天津理工大学管理学院
20	刘炜	7	上海图书馆
21	施晓华	7	上海交通大学图书馆
22	董同强	6	天津大学教育学院
23	沈敏	5	重庆大学图书馆

续表

序号	作者	发文量	机构名
24	张文竹	5	南京大学图书馆
25	钟欢	5	曲阜师范大学传媒学院
26	魏群义	5	重庆大学图书馆
27	孙守强	5	武汉大学信息管理学院
28	于兴尚	5	广州工商学院图书馆
29	刘春丽	5	中国医科大学图书馆
30	秦殿启	5	盐城工学院图书馆
31	袁红军	5	郑州师范学院图书馆
32	黄辉	5	广东农工商职业技术学院图书馆

由表 3-4 可见，南京大学信息管理学院教授、图书馆副馆长邵波是智慧图书馆领域的领军人物。邵波教授担任第一作者的代表作有以下 3 篇。

- "下一代图书馆系统平台的实践与思考"：探讨国内外下一代图书馆系统平台的发展现状，并以南京大学为例，探索图书馆新系统平台的建设方案。

- "新一代服务平台环境下的智慧图书馆建设：业务重组与数据管理"：探索大数据背景下图书馆业务流程重组的方法，提出图书馆服务革新理念，包括提供一体化的读者服务和资源发现服务、重构学术服务、强化数据管理等。

- "从 LSP 到 KSP：图书馆服务平台发展的机遇、路径与挑战"：阐述在知识社会背景下图书馆服务平台的转型实现路径，并探究可能面临的障碍与挑战。

其次，南京晓庄学院图书馆陆康的发文量也较高，该学者的研究方向主要为大数据应用和读者隐私保护，他担任第一作者的代表文献"智慧服务环境下高校图书馆大数据应用价值研究"提出精准服务与智慧服务需要利用大数据的价值优势解决图书馆的学科服务、资源服务以及空间服务等效率低下的问题。

1）文献共被引网络

VOSviewer 文献共被引分析的操作步骤如下。

（1）由于 CNKI 题录缺乏参考文献信息，因此本节针对 CSSCI 数据库中的文献进行共被引分析，在 VOSviewer 中，基于文献数据方法创建图谱，数据源选择第 2 章中经 CiteSpace 数据转换器转换后的 WOS 题录格式文件。

（2）在 Create Map 对话框中，单击 Next 按钮，在弹出的对话框中，弹出选择分析类型、分析单元和计数方法（见图 3-71），Type of analysis 选项设置为 Co-citation，Unit of analysis 设置为 Cited references，Counting method 选项保持默认值。

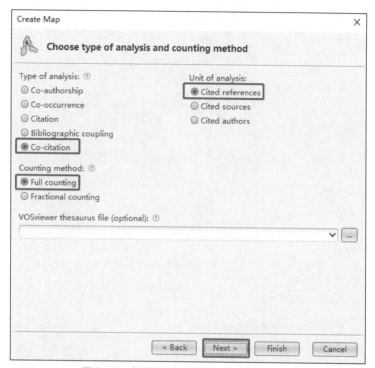

图 3-71　选择分析类型、分析单元和计数方法

（3）单击 Next 按钮，在弹出的对话框中，选择参考文献被引用频次阈值，该阈值是指参考文献被引用的最少频次，默认值为 20，如图 3-72（a）所示。单击 Next 按钮，在弹出的对话框中，选择被引用参考文献数，如图 3-72（b）所示，保持默认值（9，符合阈值的最大值）即可。

（4）单击 Next 按钮，在弹出的对话框中，验证被引用参考文献（见图 3-73），对话框中的共被引文献列表显示被引文献信息、被引用次数以及总连接强度。注意，由于 CSSCI 题录中的参考文献没有卷信息，并且 CiteSpace 内置的转换工具不对卷和页码进行提取，因此文献列表信息的尾部出现 "v0, p0" 字样。

（5）单击 Finish 按钮，出现文献共被引网络（见图 3-74），图中节点的大小反映了该节点文献的被引用频次，节点的颜色代表所属的聚类。

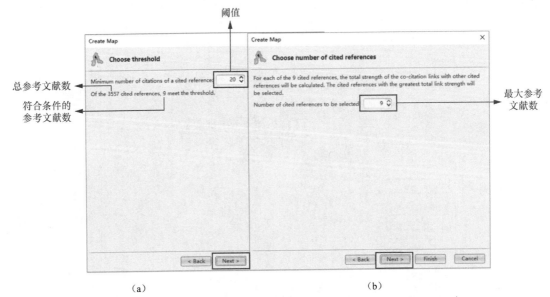

（a）　　　　　　　　　　　　　　　（b）

图 3-72　选择参考文献被引用频次阈值和被引用参考文献数

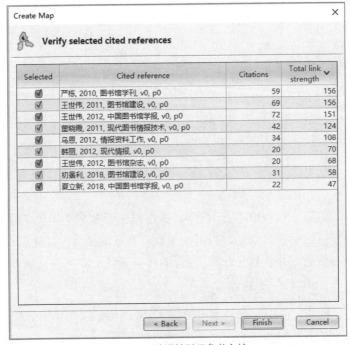

图 3-73　验证被引用参考文献

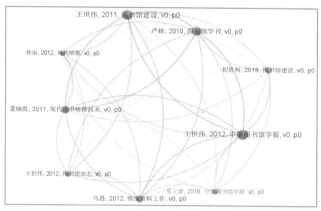

图 3-74 文献共被引网络

由图 3-74（见彩插）可见，9 个节点文献代表了智慧图书馆领域的研究经典文献，它们的共被引关系非常稠密，并形成两个共被引聚类。其中，王世伟、严栋、董晓霞、乌恩、韩丽这 5 位学者发表的文献形成了高影响力论文集，初景利和夏立新两位学者发表的文献形成了高影响力论文集。由这些文献的标题可见，智慧图书馆的概念特征、技术手段及服务模式代表了重要的研究基础领域。

表 3-5 所示是按照被引用次数排名的文献列表。

表 3-5　高被引文献列表

序号	作者	标题	来源期刊	发表年	LCS
1	王世伟	未来图书馆的新模式——智慧图书馆	图书馆建设	2011	72
2	王世伟	论智慧图书馆的三大特点	中国图书馆学报	2012	69
3	严栋	基于物联网的智慧图书馆	图书馆学刊	2010	59
4	董晓霞	智慧图书馆的定义、设计以及实现	现代图书情报技术	2011	42
5	乌恩	智慧图书馆及其服务模式的构建	情报资料工作	2012	34
6	初景利	智慧图书馆与智慧服务	图书馆建设	2018	31
7	夏立新	融合与重构：智慧图书馆发展新形态	中国图书馆学报	2018	22
8	韩丽	物联网环境下智慧图书馆的特点、发展现状及前景展望	现代情报	2012	20
9	王世伟	再论智慧图书馆	图书馆杂志	2012	20

其中影响力较高的代表文献如下。

- 王世伟的文献"未来图书馆的新模式——智慧图书馆"：被引用 72 次，该文指出数字化、网络化和智能化是智慧图书馆的信息技术基础，智慧图书馆的内在特征是以人为本的可持续发展，以满足读者日益增长的信息需求。

- 王世伟的文献"论智慧图书馆的三大特点"：被引用 69 次，该文论述智慧图书馆的三大特点——全面感知、立体互联的互联图书馆，节能低碳、灵敏便捷、整合集群的高效图书馆，无线泛在、就近一体的便利图书馆。

- 严栋的"基于物联网的智慧图书馆"：指出基于物联网的智慧图书馆设计的三大特征——沟通智慧化、建筑智慧化和服务智慧化，并阐述了智慧图书馆构建过程中关于建设成本、标准、隐私安全等关键问题。

- 董晓霞的"智慧图书馆的定义、设计以及实现"：指出北京邮电大学研制的智慧图书馆示范系统的框架和关键技术。

- 乌恩的"智慧图书馆及其服务模式的构建"：指出智慧化服务是智慧图书馆的立足根本，并在物联网、云计算的基础上，构建智慧服务平台。

- 初景利的"智慧图书馆与智慧服务"：指出智慧图书馆是智能技术、智慧馆员和图书馆业务与管理三方相互作用、融合的结果，其核心是智慧服务。

2）作者共被引网络

VOSviewer 作者共被引分析的操作步骤与文献共被引的类似，故不赘述。作者被引用频次阈值保持默认值（20），作者数保持符合阈值条件的默认最大值 19（除了 anon 标识的无名学者，实际数为 18）。作者共被引网络如图 3-75（见彩插）所示。

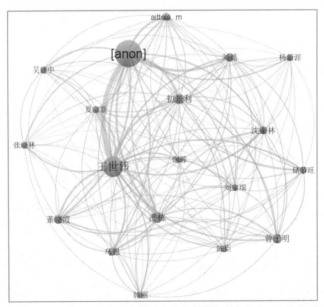

图 3-75　作者共被引网络（由于 CSSCI 中部分参考文献的作者名省略，因此出现[anon]字样）

根据节点颜色判定,该网络可划分为 3 个研究方向相似或相关的作者群,即"科学共同体"。表 3-6 所示是按照被引用频次排名的高影响力作者(第一作者)列表。

表 3-6　高影响力作者列表

序号	作者	被引频次	序号	作者	被引频次
1	王世伟	214	10	夏立新	29
2	严栋	62	11	储节旺	25
3	初景利	60	12	吴建中	25
4	曾子明	48	13	杨新涯	24
5	董晓霞	45	14	陈臣	23
6	刘炜	38	15	张晓林	21
7	Aittola M	36	16	谢蓉	20
8	乌恩	34	17	刘宝瑞	20
9	沈奎林	34	18	韩丽	20

由图 3-75 和表 3-6 可以看出,第一个作者群由王世伟、严栋、董晓霞、乌恩、韩丽构成。其中,学者王世伟的影响力最高,被引用频次高达 214,其被引频次约是排名第二的学者严栋的 3.5 倍,表明该学者的理论与实践对智慧图书馆领域的发展产生了非常深远的影响。第二个作者群由初景利、Aittola M、夏立新、吴建中、张晓林构成。其中,学者初景利的影响力最高,被引用频次达到 60。第三个作者群由曾子明、刘炜、储节旺、陈臣、谢蓉、刘宝瑞构成。其中,学者曾子明的影响力最高,被引频次达到 48。

3)期刊共被引网络

设置期刊被引频次阈值为 20,最大作者数为符合阈值条件的默认值 23。期刊共被引网络如图 3-76 所示。

该网络可划分为 3 个影响力较高的期刊群。

一个期刊群由图书情报工作、图书馆学研究、图书馆杂志、图书馆论坛、大学图书馆学报、图书馆学刊、现代图书情报技术(现更名为数据分析与知识发现)、图书情报知识、情报探索构成。

一个期刊群由中国图书馆学报、图书馆建设、图书馆工作与研究、图书与情报、图书馆、情报资料工作、情报理论与实践、情报科学、情报杂志构成。

一个期刊群由现代情报、图书馆理论与实践、新世纪图书馆、国家图书馆学刊、数字图书馆论坛构成。

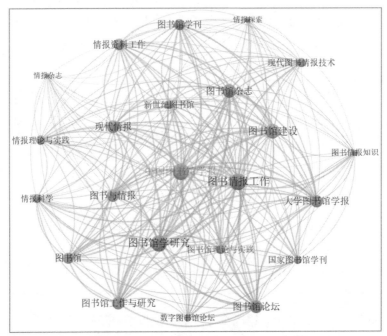

图 3-76   期刊共被引网络

从表 3-7 所示的高被引用期刊列表来看，前两个期刊群的被引用频次和期刊影响因子（CNKI 综合影响因子）差别不大，并且数值都较高，而第 3 个期刊群与它们相比，差距比较显著。

表 3-7   高被引期刊列表

序号	期刊名称	被引用频次	影响因子	序号	期刊名称	被引用频次	影响因子
1	图书情报工作	256	2.508	13	图书馆学刊	109	0.728
2	中国图书馆学报	255	6.529	14	情报理论与实践	83	2.368
3	图书馆学研究	238	1.761	15	情报科学	80	2.220
4	图书馆建设	193	1.985	16	现代图书情报技术	80	1.664
5	图书馆杂志	167	1.420	17	图书馆理论与实践	74	1.021
6	图书馆论坛	150	1.900	18	新世纪图书馆	69	0.669
7	现代情报	147	2.222	19	国家图书馆学刊	60	2.047
8	图书馆工作与研究	142	2.536	20	数字图书馆论坛	44	1.188
9	图书与情报	138	2.701	21	图书情报知识	36	3.032
10	大学图书馆学报	137	2.667	22	情报探索	28	0.594
11	情报资料工作	124	2.524	23	情报杂志	22	2.087
12	图书馆	110	2.167	—	—	—	—

3.3.7 外文文献可视化图谱

关于智慧图书馆的外文文献较少，WOS 数据中，总计有 82 条记录。本节着重对外文文献进行共词网络、共被引网络分析。

1. 共词网络

在合并同义词（wisdom service、smart service 等）、删除无效关键词（smart library、library、libraries）后，关键词总计 277 个，选取出现频次阈值大于或等于 2 的关键词，符合条件的关键词共 32 个。共词网络如图 3-77（见彩插）所示。

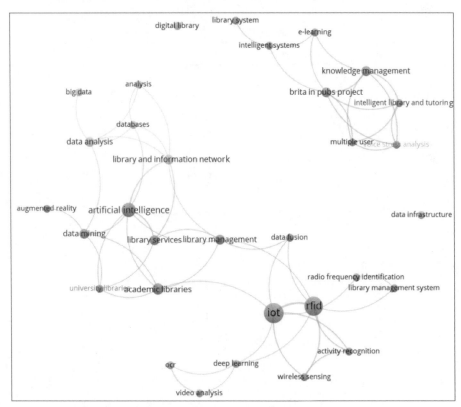

图 3-77　共词网络

由图 3-77 可见，共词网络共分为 7 个聚类（两个单节点聚类）。这表明国外智慧图书馆研究可分为 7 个主题，共现节点较多的 4 个主题分别为人工智能与服务管理、智能系统、物联网以及大数据分析。

表 3-8 所示是共词网络中各个聚类包含的关键词信息。

表 3-8　共词网络中各个聚类包含的关键词信息

序号	聚类	关键词
1	人工智能与服务管理	academic libraries（4）、artificial intelligence（6）、augmented reality（2）、data fusion（2）、data mining（3）、library management（3）、library services（3）、university libraries（2）
2	智能系统	brita in pubs project（3）、e-learning（2）、intelligent library and tutoring system（2）、intelligent systems（2）、knowledge management（3）、library system（2）、multiple user（2）、voice stress analysis（2）
3	物联网	activity recognition（2）、iot（12）、library management system（2）、radio frequency identification（2）、rfid（11）、wireless sensing（2）
4	大数据分析	analysis（2）、big data（2）、data analysis（3）、databases（2）、library and information networks（3）
5	语音图像深度学习	deep learning（2）、ocr（2）、video analysis（2）
6	数据基础设施	data infrastructure（2）
7	数字图书馆	digital library（2）

共词网络的覆盖视图与密度视图分别如图 3-78（见彩插）和图 3-79（见彩插）所示。

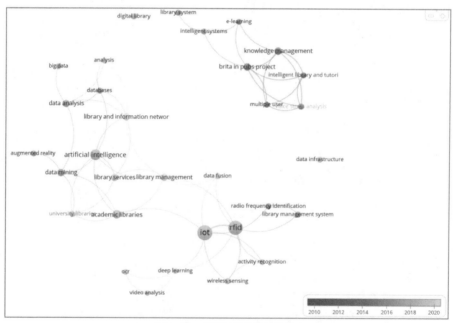

图 3-78　共词网络的覆盖视图

从覆盖视图中的关键词时序可以看出，国外智慧图书馆早期研究的方向为智能系统，随后转向 RFID、IoT、人工智能、大数据等方向，最后转为深度学习、数据融合等。

另外，从密度视图来看，RFID、IoT 以及人工智能是国外学者非常关注的研究方向。

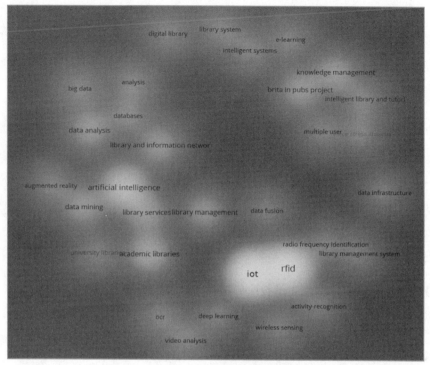

图 3-79　共词网络的密度视图

2. 引文网络

在引文网络分析中，选取文献被引用频次阈值大于或等于 4，符合条件的文献共 25 篇。文献引文网络如图 3-80 所示。节点大小表示文献被引用频次，对应题录数据中的 TC 字段值，也相当于 HistCite 软件中的 GCS（Global Citation Score，总被引用次数）文献指标。

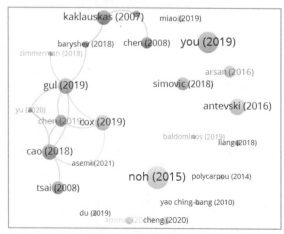

图 3-80　文献引文网络

其中，Noh Y 的论文"Imagining Library 4.0: Creating a Model for Future Libraries"的被引用次数最多，高达 25，表明该文的学术影响力最大。该文提出图书馆 4.0 的概念和模型，指出智能化、上下文感知、开源、大数据、云计算、增强现实等技术在智慧图书馆领域的应用。Kaklauskas A 的"Intelligent Library and Tutoring System for Brita in the PuBs Project"的主要内容是关于智慧图书馆个性化知识服务的一项案例研究，是具有开创性的文献。Cao G H 等的"How to Make the Library Smart? The Conceptualization of the Smart Library"对智慧图书馆进行概念化，并提出构建智慧图书馆的整体方法。

此外，从可视化效果来看，VOSviewer 引文关系的脉络结构较清晰，但是没有按照文献的发表年份进行归类排序，也没有标识引文被引用频次，因此不如 HistCite 软件直观、易用。

3. 共被引网络

在共被引网络分析中，选取文献被引频次阈值大于或等于 3，符合条件的文献共 20 篇。文献共被引网络如图 3-81 所示。

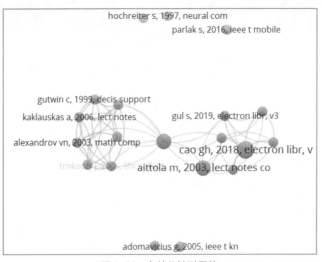

图 3-81　文献共被引网络

其中，影响力最高的是华中师范大学信息管理学院的曹高辉的论文"How to Make the Library Smart? The Conceptualization of the Smart Library"。同时，该文献与周围 7 篇文献构成了核心被引文献网络。

在作者共被引网络分析中，选取作者被引频次阈值大于或等于 3，符合条件的作者共 24 个。作者共被引网络如图 3-82 所示。其中，影响力最高的是维尔纽斯格迪米纳斯技术大学的

Kaklauskas A、中国科学院计算技术研究所的许立达，并分别构成了 3 个和 5 个核心作者共被引网络。

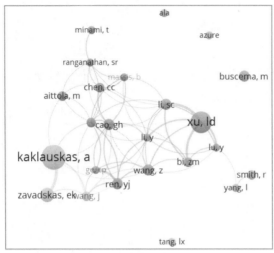

图 3-82　作者共被引网络

4. 外文文献耦合网络

外文文献耦合网络如图 3-83 所示。

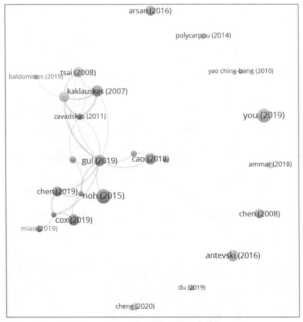

图 3-83　外文文献耦合网络

由图 3-83 可见，除孤立节点外，存在一个连通性较高的网络，它分为 4 个聚类，分别代表 4 个研究主题，并且每个聚类中文献的主题相似度较高。

5.　科研合作网络

1）作者合作网络

国外研究智慧图书馆领域的作者总计 224 个，设置作者发文量最小阈值为 2，符合条件的有 11 个。作者合作网络如图 3-84 所示。

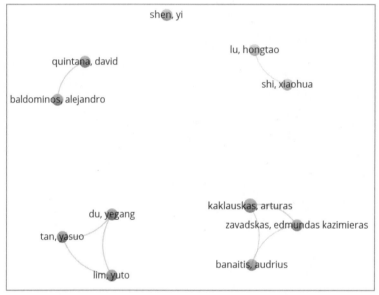

图 3-84　作者合作网络

由图 3-84 可见，国外作者合作网络存在两个由两节点构成的小团队和两个由 3 节点构成的小团队，与国内作者合作状况相比，合作关系较稀疏，活跃度较低。另外，图中各节点大小（发文量）相当，除 Kaklauskas A 的发文量为 3 外，其他作者的发文量均为 2。

2）机构合作网络

国外研究智慧图书馆领域的机构总计 113 个，设置机构发文量的最小阈值为 2，符合条件的有 8 个。机构合作网络如图 3-85 所示。

与国内相比，国外机构间的合作关系非常稀疏，只有 Smile&Learn Digital Creat 和 Univ Carlos III Madrid（马德里卡洛斯三世大学）有过两次合作。另外，外文文献的发文机构中有国内的两所大学——武汉大学和上海交通大学，其发文量分别为 2 和 3。

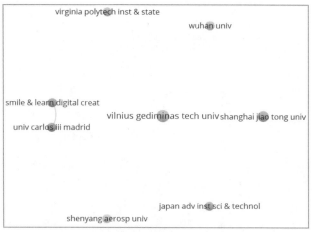

图 3-85　机构合作网络

3.3.8　保存图谱

在 VOSviewer 中，单击左侧的 File 选项卡，单击 Map 选项组中的 Save 按钮，出现 Save Map 对话框，可将图谱保存为 VOSviewer、JSON、GML、Pajek 格式的文件。建议保存为 ".net" 格式的 Pajek 网络文件（见图 3-86）。

图 3-86　保存图谱

Pajek 网络文件是较通用的图谱文件，使用 VOSviewer、UCINET、Pajek 以及 Gephi 等软件都可以将其打开并进行可视化。注意，Pajek 网络文件会丢失聚类信息和节点大小信息，若希望图谱保留原始信息，可分别保存.net（网络信息）、.clu（聚类信息）、.vec（节点大小信息）格式的文件。此外，在 VOSviewer 主界面的左侧区域中，选择 Screenshot→Save 可以将图谱保存为图片。

图 3-87 展示了 Pajek 网络可视化图谱。

图 3-88 展示了 Pajek 完整的可视化图谱。

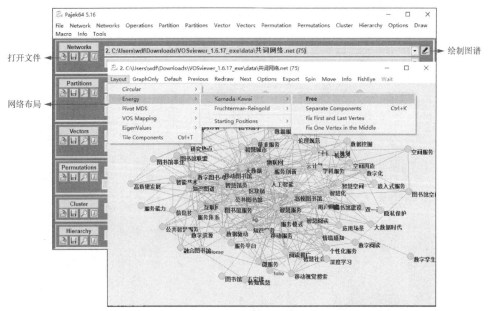

图 3-87　Pajek 网络可视化图谱

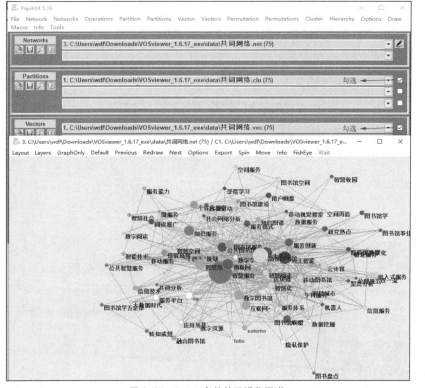

图 3-88　Pajek 完整的可视化图谱

3.4 HistCite

3.4.1 HistCite 简介

HistCite（History of Cite，引文历史）是一款引文分析软件。

HistCite 有两个核心功能。

- 通过分析文献的统计数据，帮助我们迅速定位与发现该研究领域内的重要文献和重要学者。
- 通过本地文献的引证关系绘制出该领域的引文编年图，从而展示文献历史发展。HistCite 仅支持处理从 WOS 下载的数据，在 WOS 数据库中进行检索后，要选择将记录导出为纯文本文件，记录内容为“全记录与引用的参考文献”。

3.4.2 下载与运行 HistCite

HistCite 的最新版本可以从其官网下载。解压缩后的软件目录结构如图 3-89 所示。

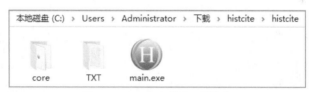

图 3-89　HistCite 软件目录结构

运行 HistCite 前，需要将从 WOS 下载的数据文件存放在 TXT 文件夹中。接着。单击 main.exe 文件，会弹出命令提示符窗口（见图 3-90）。

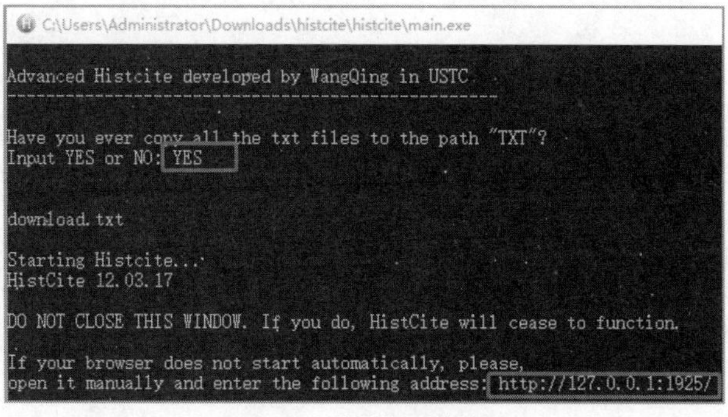

图 3-90　命令提示符窗口

输入 YES 并按 Enter 键，软件会自动调用 IE 浏览器并运行（见图 3-91）。

注意，命令提示符窗口不能关闭，否则 HistCite 无法运行。

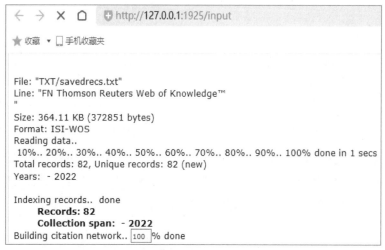

图 3-91　数据加载页面

3.4.3　HistCite 界面

当 HistCite 界面中的数据加载成功后，浏览器显示 82 篇文献的统计信息（见图 3-92）。

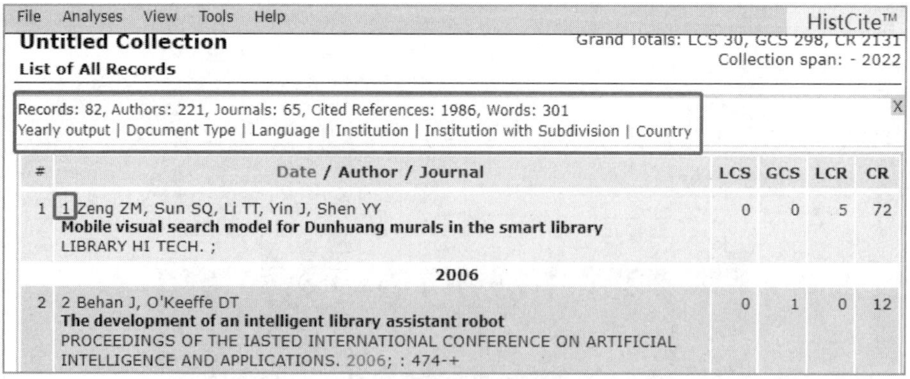

图 3-92　82 篇文献的统计信息

表头区域显示作者、机构、期刊、关键词等，表格默认显示所有文献的信息，表格左侧显示题录信息，表格右侧显示 CR、LCR、GCS、LCS 等指标，文献可以按照发文时间、作者、期刊等指标进行排序。

个别文献题录信息不完整，如第一行记录缺失发表年份，单击序号 "1"，出现编辑题录的页面（见图 3-93），在 Year 文本框中输入 2022，单击 Apply changes 按钮即可保存修改。

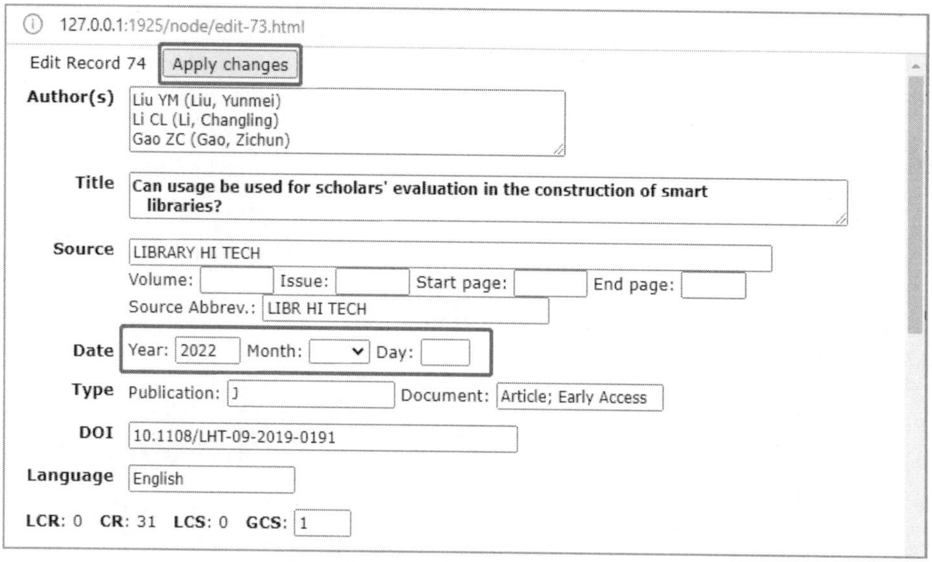

图 3-93　编辑题录的页面

LCS 和 LCR 是 HistCite 里两个比较重要的指标。

LCS（Local Citation Score，本地被引用次数）指某篇文献在本地数据集中被引用的次数，GCS（Global Citation Score，总被引用次数）指某篇文献在 WOS 数据库中的总被引次数。LCS 与 GCS 相对应，所以 LCS 一定是小于或等于 GCS 的。LCS 越高，意味着该文献在研究领域内越重要，根据 LCS 可以快速定位一个研究领域内重要的或者经典的文献。

LCR（Local Citation References，本地参考文献引用次数）指某篇文献引用本地数据集中参考文献的数量。CR（Citation References）指某篇文献引用 WOS 数据库中参考文献的数量，CR 高，说明这篇文献很可能是综述性文献。LCR 越高，意味着该文献引用当前数据库中的参考文献越多，越有参考价值。根据 LCR 值可以快速找出最新的文献中和指定研究方向最相关的文献。

此外，用户可以对作者、期刊、参考文献、关键词、年份、文献类型、使用语言、第一作者所在机构、第二作者所在机构、国家等对象进行统计分析，以便了解某研究领域的总体概况。以作者和机构信息为例，其统计结果分别如图 3-94 和图 3-95 所示。其中，Recs 表示发文量，TLCS（Total LCS）表示全部 LCS，TGCS（Total GCS）表示全部 GCS。通过查看 Recs 和 TLCS 了解高产作者/机构和具有高影响力的作者/机构。

Records: 82, Authors: 221, Journals: 65, Cited References: 1986, Words: 301
Yearly output | Document Type | Language | Institution | Institution with Subdivision | Country

|< << < > >> >|

#	Author	Recs	TLCS	TGCS
1	Kaklauskas A	3	6	22
2	Zavadskas EK	3	1	9
3	Baldominos A	2	0	5
4	Banaitis A	2	1	8
5	Chen Q	2	0	23
6	Du YG	2	0	5

图 3-94　作者信息统计结果

Records: 82, Authors: 221, Journals: 65, Cited References: 1986, Words: 301
Yearly output | Document Type | Language | Institution | Institution with Subdivision | Country

#	Institution	Recs	TLCS	TGCS
1	Vilnius Gediminas Tech Univ	4	6	24
2	Shanghai Jiao Tong Univ	3	1	5
3	Japan Adv Inst Sci & Technol	2	0	5
4	Shenyang Aerosp Univ	2	0	1
5	Smile & Learn Digital Creat	2	0	5
6	Univ Carlos III Madrid	2	0	5

图 3-95　机构信息统计结果

3.4.4　绘制引文时序图

在 HistCite 中，从菜单栏中选择 Tools→Graph Maker，进入绘图界面（见图 3-96）。

左侧区域用于设置节点阈值、节点形状（默认为圆圈）、节点大小、标签字体等，右侧区域用于显示生成的引文时序图，HistCite 默认按照 LCS 排序，选择前 30 篇文献来绘制引文时序图。注意，受阈值的限制，部分施引文献在图中没有体现。

在右侧区域中，年份按照出版时间升序排列；有 30 个圆圈，每个圆圈代表一篇文献，圆圈中的数字是该文献在数据库中的序号。圆圈越大，表示被引用次数越多，圆圈之间的箭头表示文献之间的引证（引用）关系，箭头所指的圆圈表示被引文献，单击某个圆圈，查看对应文献的详细信息。

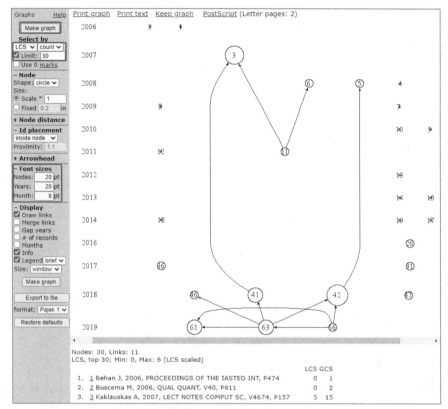

图 3-96　绘图界面

表 3-9 所示是本地高被引文献列表。

表 3-9　本地高被引文献列表（按 LCS 降序排列）

文献编号	作者	标题	发表年	LCS
42	Cao G H	How to Make the Library Smart? The Conceptualization of the Smart Library	2018	6
3	Kaklauskas A	Intelligent Library and Tutoring System for Brita in the PuBs project	2007	5
41	Baryshev RA	The Smart Library Project: Development of Information and Library Services for Educational and Scientific Activity	2018	3
63	Gul S 与 Bano S	Smart Libraries: an Emerging and Innovative Technological Habitat of 21st Century	2019	3
61	Cox AM	The Intelligent: Library Thought Leaders' Views on the Likely Impact of Artificial Intelligence on Academic Libraries	2019	3

结合图 3-96 和表 3-9 可以发现，国外从 2006 年就开始对智慧图书馆领域展开研究，比国内（2011 年）要早。3 号文献最早被引用，作者 Kaklauskas A 在 Brita in PuBs 项目中对多源

信息和知识进行重用、索引、分析和整合，满足读者根据主题进行文献检索的需求。42 号文献的 LCS 最高，表明其影响力最大，该文献由华中师范大学信息管理学院的曹高辉等人于 2018 年发表，作者阐明了智能图书馆的概念，提出要从技术因素、服务、人 3 个维度构建智慧图书馆。

从引文关系强度来看，63 号文献的引文较多（4 篇），于 2019 年由 Gul S 和 Bano S 合著，该文代表了智慧图书馆领域的研究前沿，作者对人工智能、物联网、区块链、增强现实等新兴技术进行探讨，智能技术可弥补图书馆提供的服务和用户需求快速变化之间的差距。41 号文献和 61 号文献的 LCS 也相对较高，41 号文献的作者 Baryshev RA 在西伯利亚联邦大学图书馆的智慧图书馆系统中通过个人账户提供信息服务交互，满足现代教育与科研需求。61 号文献作者 Cox AM 通过对 33 位图书馆长、教育和出版专家的采访，明确了人工智能对高校图书馆资源发现、学术出版和学习带来的影响。

3.5　Bibliometrix

3.5.1　Bibliometrix 简介

Bibliometrix 是一个基于 R 语言的文献计量学分析和科学可视化软件。Bibliometrix 支持 6 种数据库，包括 WOS、Scopus、Dimensions、Lens、PubMed 及 Cochrane Library。

该软件的分析功能十分强大，除基础性指标统计、共现网络分析、多元统计分析等常见功能外，还具有一些特色功能。例如，在数据加载结束时，Bibliometrix 会显示会议、期刊、综述、作者、独著/合著作者等统计数据。另外，Bibliometrix 还可以用于绘制作者发文时序、作者影响力排名、词云、主题演化等图谱。

Bibliometrix 的各级菜单如表 3-10 所示。

表 3-10　Bibliometrix 的各级菜单

一级菜单	二级菜单	三级菜单	说明
Data	Import or Load files	—	导入文件
	Gather data using APIS	—	API 采集数据
Filters	—	—	文献过滤
Overview	Main Information	—	概览
	Annual Scientific Production	—	年科研产出
	Average Citations Year	—	年均被引
	Three-Fields Plot	—	三字段桑基图

续表

一级菜单	二级菜单	三级菜单	说明
Sources	Most Revelant Sources	—	高产期刊
	Most Local Cited Sources	—	本地高被引期刊
	Bradford's law	—	布拉德福定律
	Source Impact	—	期刊影响力
	Source Dynamics	—	期刊动态变化
Authors	Authors	Most Local Cited Authors	本地高被引作者
		Authors' Production over Time	作者产出时序
		Lotka's law	洛特卡定律
		Author Impact	作者影响力
	Affiliations	Most Relevant Affiliations	高产机构
	Countries	Corresponding Author's Country	相应作者的国家
		Country Scientific Production	国家科研产出
		Most Cited Countries	高被引国家
Documents	Documents	Most Global Cited Documents	全局高被引文献
		Most Local Cited Documents	本地高被引文献
	Cited Reference	Most Global Cited References	全局高被引参考文献
		Reference Spectroscopy	参考文献光谱
	Words	Most Frequent Words	高频词
		WordCloud	词云
		TreeMap	矩形树图
		Word Dynamics	词动态
		Trend Topics	主题趋势
Clustering	Clustering by Coupling	—	耦合分析
Conceptual Structure	Network Approach	Co-occurrence Network	共现网络
		Thematic Map	主题地图
		Thematic Evolution	主题演化
	Factorial Approach	Factorial Analysis	因子分析
Intellectual Structure	Co-citation Network	—	共被引网络
	Historiograph	—	引文时序图
Social Structure	Collaboration Network	—	合作网络
	Collaboration WorldMap	—	合作世界地图
Quit	Stop	—	退出

3.5.2　下载与运行 Bibliometrix

Bibliometrix 官网提供了 R 语言包的下载地址和 RStudio 的下载地址。

RStudio 是一款支持利用 R 语言进行软件开发的集成工具。shiny 是由 RStudio 开发的用于构建 Web 交互应用的框架，shiny 包含用户界面（User Interface，UI）和服务器（server），UI 负责对网页中的元素进行布局，服务器负责处理数据并在 UI 中显示。

如图 3-97 所示，在 RStudio 的 Console 窗口中，依次输入以下每行代码并执行。

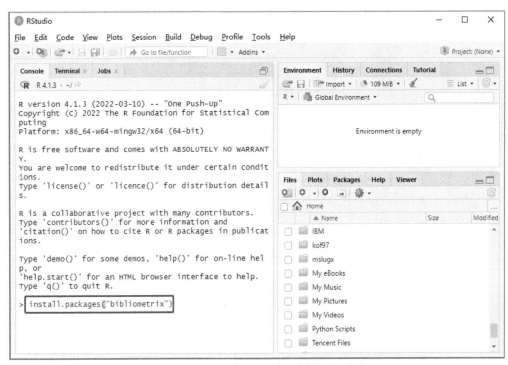

图 3-97　在 RStudio 的 Consde 窗口中输入并运行代码

```
install.packages("bibliometrix")   #安装 Bibliometrix 的依赖包
library("bibliometrix")   #加载 Bibliometrix
biblioshiny()   #调用 Bibliometrix 的 shiny
```

然后，自动调用 IE 浏览器，进入 Bibliometrix 主界面（见图 3-98）。

注意，第 1 行代码仅首次安装 Bibliometrix 的时候需要执行，后续仅执行第 2～3 行代码即可运行 Bibliometrix。

图 3-98　Bibliometrix 主界面

　　在 Bibliometrix 中，选择菜单栏中的 Data→Import or Load files，在弹出的界面中，在左侧依次从前两个下拉列表中选择 Import raw file (s) 和 Web of Science (WoS/WoK)，单击 Browse 按钮，选择 download_wos.txt，单击 Start 按钮，生成图 3-99 所示的文献记录数据。

图 3-99　文献记录数据

3.5.3 Bibliometrix 的部分功能

在 Bibliometrix 中，选择菜单栏中的 Authors→Authors→Authors' Production over Time，查看高产作者（包含独著和合著）的发文量时序图（见图 3-100），从而直观了解高产作者历年的发文量。

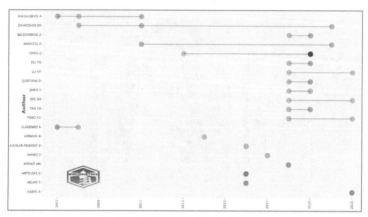

图 3-100 高产作者的发文量时序图

其中，国外作者发文量相当少，其中 Kaklauskas A 和 Zavadskas EK 的发文量最多，有 3 篇。

在 Bibliometrix 中，选择菜单栏中的 Authors→Authors→Most Local Cited Authors，查看本地被引用作者（包含独著和合著）排名（见图 3-101）。

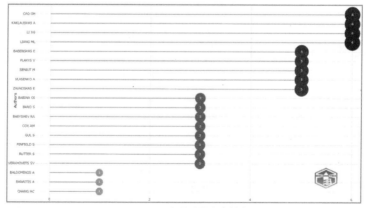

图 3-101 本地被引作者排名

在 Bibliometrix 中，选择菜单栏中的 Authors→Authors→Author Impact，查看作者影响力排名（见图 3-102），可以选择根据 H 指数、G 指数、M 指数和被引用频次（对应题录中的 TC

字段）等进行排名。H 指数、G 指数、M 指数是文献计量学中用于评估作者、期刊学术产出数量（发文量）和学术产出质量（被引量）的 3 个指标。

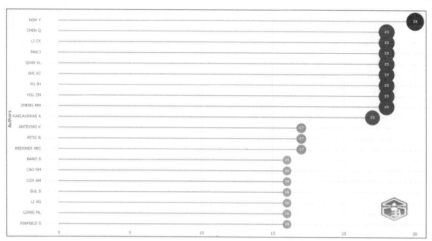

图 3-102　作者影响力排名（默认根据 H 指数排名）

在 Bibliometrix 中，选择菜单栏中的 Documents→Words→WordCloud，选择根据文献标题、关键词、附加关键词（keyword plus）或摘要等字段生成相应的词云图（见图 3-103）。

图 3-103　词云图

由图 3-103 看出，RFID、物联网（internet of things）、人工智能（artificial intelligence）是国外比较关注的研究领域。

在 Bibliometrix 中，选择菜单栏中的 Conceptual Structure→Factorial Approach→Factorial Analysis，选择根据关键词、标题、摘要等字段进行多元对应分析（Mutiple Correspondence Analysis，MCA），MCA 用于研究与描述各个变量类别之间的关系（见图 3-104）。

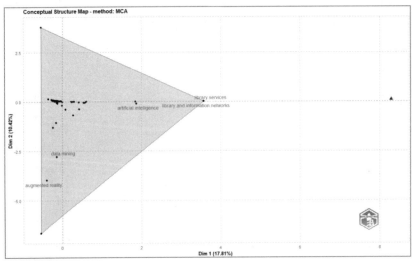

图 3-104　多元对应分析

　　图 3-104 展示了 artificial intelligence、library and information networks、library services、data mining、augmented reality，这表明国外学者所关注的数据挖掘、人工智能、增强现实、图书馆服务等热点具有较强的关联性。

　　在 Bibliometrix 中，选择菜单栏中的 Conceptual Structure→Network Approach→Thematic Map，可生成相应的主题地图，主题地图实际上是多元统计分析中的战略坐标图（见图 3-105）。

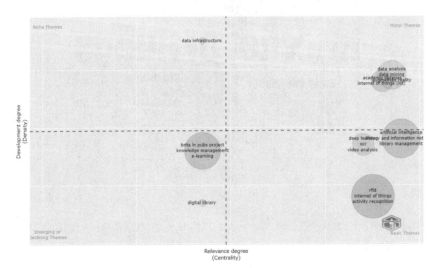

图 3-105　主题地图

　　由图 3-105 可见，根据关键词字段进行聚类，国外文献可以分为 8 个聚类（研究主题）——data analysis、academic libraries、data infrastructure、brita in pubs project、digital library、rfid、 artificial intelligence 和 deep learning。其中，第四象限的 rfid、artificial intelligence 和 deep learning 这 3 个主题是国外未来聚焦的研究方向。

在 Bibliometrix 中，选择菜单栏中的 Conceptual Structure→Network Approach→Thematic Evolution，将 Time Slices（时间切片）设置为 2，单击 Apply 按钮，查看随时间而变化的主题演化图，该图使用桑基图（即能量分流图）表示（见图 3-106）。

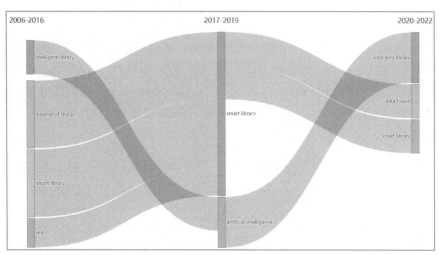

图 3-106　主题演化图

在 Bibliometrix 中，选择菜单栏中的 Intellectual Structure→Historiograph，查看引文时序图（见图 3-107）。

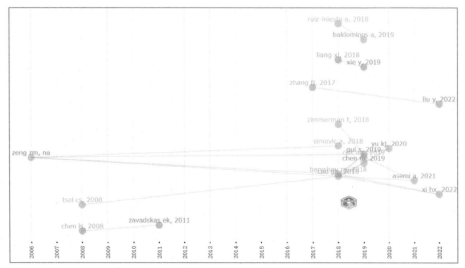

图 3-107　引文时序图

与用 HistCite 绘制的图谱相比，用 Bibliometrix 绘制的图谱存在节点不区分大小、同年发表的文献不能显著区分的局限性。

3.6　SATI

3.6.1　SATI 简介

SATI（Statistical Analysis Toolkit for Informetrics，文献题录信息统计分析工具）的开发者刘启元是浙江大学信息资源管理系的一名硕士研究生，起初刘启元开发了 SATI 3.2 桌面版（见图 3-108），其原理、功能与 BICOMB 的相似，但它使用 equivalence 系数计算相似矩阵，并且增加了生成二值共现矩阵（binary co-occurrence matrix）、相异共现矩阵（dissimilarity co-occurrence matrix）的功能。

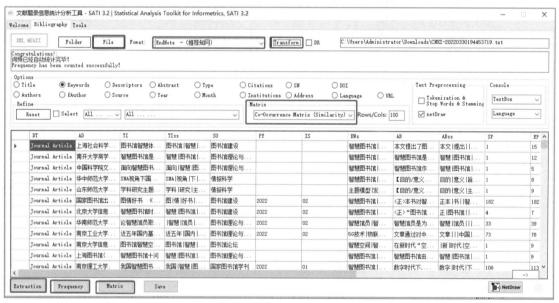

图 3-108　SATI 3.2 桌面版

在 SATI 中，单击 File 按钮，打开文件，单击 Transform 按钮，完成文件转换。然后，在 Options 选项组中，选择知识单元。接下来，单击 Extraction 按钮、Frequency 按钮、Matrix 按钮，在文件转换阶段，将原始题录文件转换为用 SATI 的专有题录格式——XML 文件。

当前桌面版已停止更新维护，因此推荐使用在线版（截至本书完稿前最新版本为 4.0），在线版 SATI 首页如图 3-109 所示。

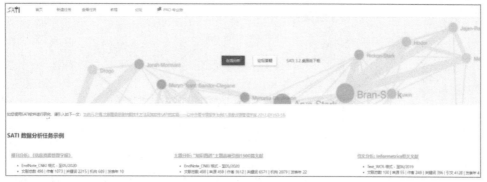

图 3-109 在线版 SATI 首页

SATI 支持的题录格式包括 CNKI、万方和维普的 EndNote，WOS 和 CSSCI 的 Text 等；数据预处理支持文献去重、关键词合并/停用以及自然语言处理（NLP）技术中的去除停用词、分词等；统计分析功能包括基础数据统计、频次排名列表、构建共现矩阵以及基于高频字段自动生成诸如时间序列图、知识图谱（共现网络）、聚类和条形竞赛动图等可视化结果。此外，SATI 支持将图谱转化为.vna 和.gexf 格式文件，便于通过 UCINET 和 Gephi 查看图谱。

SATI 易于使用。首先，单击首页的"在线分析"按钮或选择菜单栏中的"新建任务"（见图 3-109）。接着，在弹出的"创建题录处理任务"页面（见图 3-110）中，设置研究主题、题录格式、数据处理方式、数据大小，并上传题录数据，创建题录处理任务并保存任务 ID，并在后台完成数据处理。单击"任务 ID"后面的链接（见图 3-111），进入 SATI 分析页面（见图 3-112）。

图 3-110 "创建题录处理任务"页面

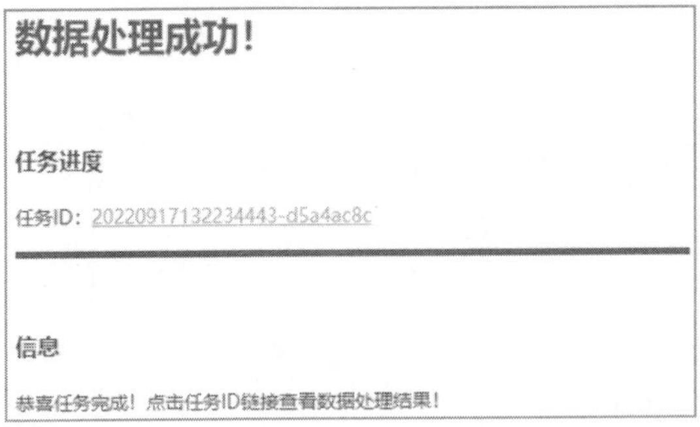

数据处理成功!

任务进度

任务 ID: 20220917132234443-d5a4ac8c

信息

恭喜任务完成! 点击任务 ID 链接查看数据处理结果!

图 3-111　单击"任务 ID"后面的链接

图 3-112　SATI 分析页面

该任务 ID 永久有效,用户后期通过选择菜单栏中的"查看任务",输入任务 ID,单击"提交"按钮(见图 3-113),即可进入分析页面。此外,SATI 官网还包含一个 PRO 专业版(见图 3-114),该版本中的文献题录数据由广大的互联网用户上传或者公开采集获得,支付一定的费用后方可创建任务和分析,但是官网强调不保证数据源的准确性和及时性。

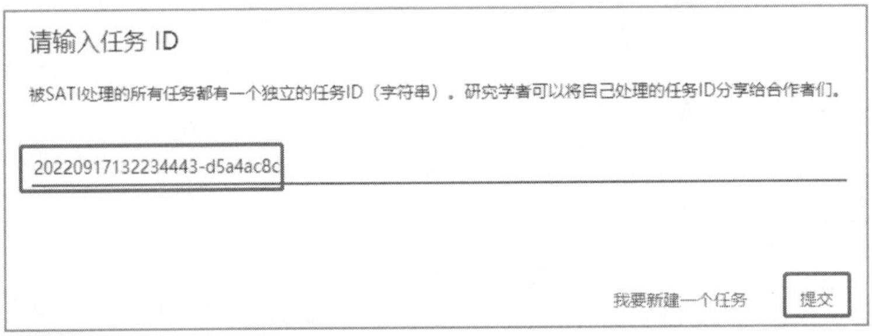

请输入任务 ID

被 SATI 处理的所有任务都有一个独立的任务 ID(字符串)。研究学者可以将自己处理的任务 ID 分享给合作者们。

20220917132234443-d5a4ac8c

我要新建一个任务　　提交

图 3-113　输入任务 ID

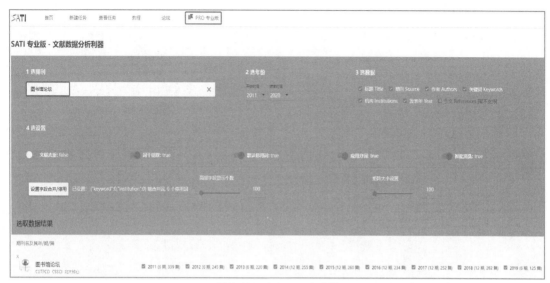

图 3-114　SATI PRO 专业版

3.6.2　SATI 的部分功能

在线版 SATI 的用法非常简单，以下仅对部分功能进行展示。感兴趣的读者可以参考 SATI 网站公布的教程。

图 3-115 展示了高频知识单元列表。

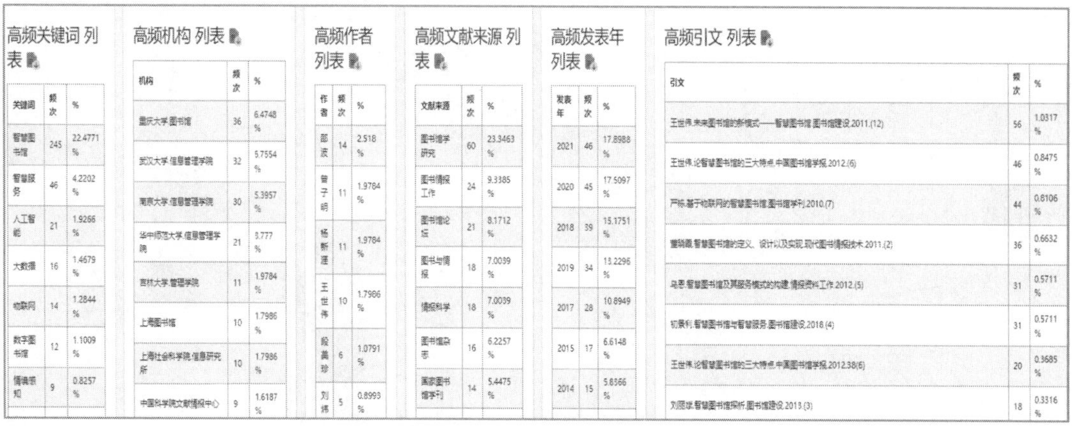

图 3-115　高频知识单元列表

图 3-116（a）与（b）展示了关键词和机构词云。

（a）

（b）

图 3-116　关键词和机构词云

图 3-117 展示了词频时间序列。

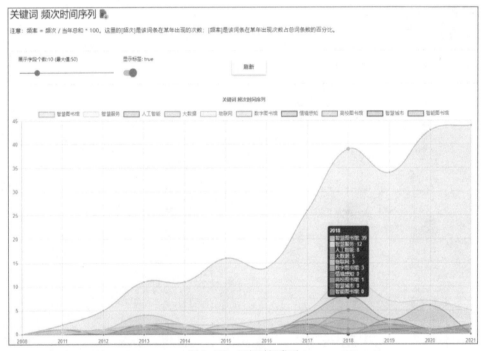

图 3-117　词频时间序列

图 3-118 展示了关键词共现网络。

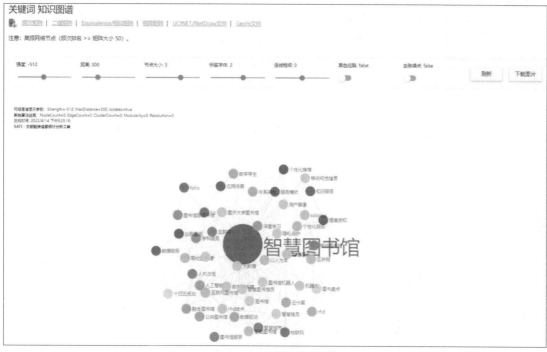

图 3-118　关键词共现网络

图 3-119 展示了关键词层次聚类。

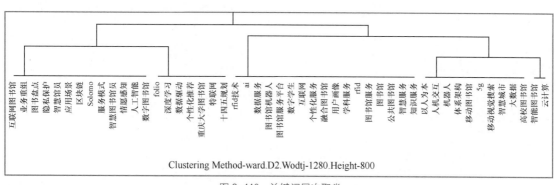

Clustering Method-ward.D2.Wodtj-1280.Height-800

图 3-119　关键词层次聚类

3.7　本章小结

　　本章首先介绍了文献计量分析法中的引文分析、共词分析理论方法。在此基础上,本章介绍了 CiteSpace、VOSviewer、HistCite、Bibliometrix 与 SATI 的应用。

　　总体而言，CiteSpace 与 VOSviewer 的应用都较广泛，并且功能相似。尽管 CiteSpace 在统计精确性、图谱的美观性及清晰度方面不如 VOSviewer，但是 CiteSpace 具有时间线视图、突现检测、聚类名自动识别等功能。此外 VOSviewer 支持引文时序网络的绘制，但是其在统计指标的丰富度及可视化效果方面不如 HistCite 优秀。

第4章 多元统计分析工具 SPSS 的应用

　　多元统计分析是统计学中的一个重要分支，其研究目的是对若干相关的随机变量观测值进行分析，其分析方法包括因子分析、聚类分析、多维尺度分析、战略坐标分析等。本章旨在对 SPSS 的应用进行介绍，使读者掌握如何使用 SPSS 对文献中的关键词信息进行相关分析。

　　由于使用 SPSS 工具需要输入二维表格数据，在科学知识图谱领域中，二维表格数据实际上对应关键词的共现矩阵或词篇矩阵，因此需要借助 BICOMB 进行数据提取，本章会对 BICOMB 的应用进行介绍。需要说明的是，社会网络分析工具 UCINET 的应用同样与 BICOMB 密切相关。

4.1 多元统计分析理论方法

4.1.1 因子分析

　　数据降维是指在保证数据信息（维度特征）损失最少的前提下，将较多的高维变量转化为较少的低维变量。数据降维在机器学习领域中应用比较广泛，使用它既可以降低模型计算量进而缩短模型运行时间，又便于通过可视化方式在低维空间中展示归约后的维度信息。数据降维有多种方法。

　　其中，主成分分析（Principal Component Analysis，PCA）是较常用的方法，使用该方法将众多变量转化成少量互不相关的综合指标（称为主成分），每个主成分都是原始变量的线性组合，并且各个主成分按照方差递减的顺序排序，第一主成分对应最大的方差。

　　因子分析（factor analysis）是 PCA 的扩展和推广，它是采用降维方法，从研究原始变量相关矩阵内部的数据结构和依赖关系出发，将多个具有错综复杂关系的变量归结为少数几个综合因子的一种多元统计分析方法。因子分析能够反映原始变量的绝大部分信息,因子分析并不是对原始变量进行简单取舍,而表示原始变量重组后的结果,因此不会造成大量信息丢失。另外,因子之间的线性关系不显著,与 PCA 基于变量的组合不同,因子分析是基于因子的组合,更倾向于描述原始变量的相关关系。

在因子分析中,每个原始变量可以用较少的相互独立的因子变量来代替。其数学模型如下所示。

$$
\begin{cases}
x_1 = a_{11}F_1 + a_{12}F_2 + a_{13}F_3 + \cdots + a_{1k}F_k + \varepsilon_1 \\
x_2 = a_{21}F_1 + a_{22}F_2 + a_{23}F_3 + \cdots + a_{2k}F_k + \varepsilon_2 \\
\vdots \\
x_p = a_{p1}F_1 + a_{p2}F_2 + a_{p3}F_3 + \cdots + a_{pk}F_k + \varepsilon_p
\end{cases}
$$

式中,$x_1, x_2, \cdots, x_p$ 为 p 个原始变量,且是均值为 0、标准差为 1 的标准化变量,$F_1, F_2, \cdots, F_k$ 为 k 个因子变量,$k<m$。上述模型可以用矩阵形式表示为

$$X=AF+\varepsilon$$

式中,F 为因子变量,也称作公共因子,A 为因子载荷矩阵,其元素 a_{ij} 为因子载荷。因子载荷越大,说明变量 X_i 与因子 F_j 的关系越密切;反之,说明二者关系疏远。在因子分析中,采用旋转技术使因子能够得到更好的解释。

4.1.2 聚类分析

聚类在机器学习领域中属于一种无监督学习方法,是指在没有训练数据集和标签数据的情况下进行建模分析。在科学知识图谱中,主要通过聚类算法将关系密切的关键词聚集成多个类群,也称作簇(cluster),从而揭示某学科或研究领域的研究主题结构。

根据研究对象,聚类分析可分为 Q 型(样本)聚类和 R 型(变量)聚类,用于分别针对样本和变量进行分类。

根据分析方法,聚类分析又可分为以下 3 种。

- 快速聚类:也称作 k 均值(k-means)聚类,将数据样本看作 k 维空间上的点,必须事先指定分类数量,选择 k 个样本作为各类的初始中心点,并根据距离中心点的远近确定各类的邻近样本,然后重新计算中心点,重复迭代该过程,直至迭代终止。迭代终止满足的条件为迭代次数达到指定的最大数值或中心点距上次的中心点的最大偏移量小于指定的数值。

- 两阶段聚类：可以揭示数据内部的自然分组，其运用信息准则确定最优的分组格式，并依据距离形成聚类特征树以进行分组。

- 系统聚类：也称作分层聚类，是最常用的聚类分析之一。其基本思想是先将聚类的样本个体各自看成一类；然后根据距离或相似系数计算相似度，把相似度较高的两类合并成一个新类，再为该新类选择最近的类，并合并二者，不断重复这一过程，直到所有的样本个体都合并成一类，并形成一张树状图（dendrogram）为止。

关于聚类分析中样本特征属性的相似度计算，学术界存在两种流派。

- 输入关键词-文献矩阵，即词篇矩阵[①]，值为离散型的 0 或 1。

- 使用相关矩阵或相异矩阵。为消除共现矩阵中频次差异造成的影响，首先，利用相似系数计算两个对象之间的相关程度，从而构建相关矩阵（correlation matrix），也有学者为避免矩阵过于稀疏造成误差过大，在相关矩阵的基础上生成相异矩阵。然后，将相关（相异）矩阵作为输入数据，根据一定的聚类算法把对象分成类群。在这一过程中，选择不同的相似系数和聚类算法，产生的聚类结果就不一样。为此，采取多种方法进行聚类，并根据结果确定最优方式。

BICOMB 的软件开发者崔雷提出，采用词篇矩阵[①]与相关（相异）矩阵两种方法存在差异，虽然在局部有相同的聚类结果，但是越到后期，前者的聚类结果判读难度越高，可解释性越弱。周秋菊通过研究证明，通过相关（相异）矩阵，SPSS 会把相似度计算两次，从而扭曲并高估相似度。因此在实际操作中应当使用词篇矩阵。

4.1.3 多维尺度分析

多维尺度（MultiDimensional Scaling，MDS）分析也称作多维量表分析，它将一组个体间的相异数据转换成空间构图，且保留原始数据的相对关系。多维尺度分析依据需要分析对象的变量，将对象映射到一个低维度的空间位置上，通过分析对象位置间的距离，揭示对象间的相似性，即亲疏关系。在多维尺度分析结果中，被分析的对象是以点状分布的，这些点所在的空间称为欧几里得几何空间，可以是二维、三维或多维的（通常是二维的）。在低维空间中，相似的对象之间距离邻近，不相似的对象之间距离疏远。有高度相似性的对象聚集在一起，形成一个类别，核心的对象处于类的中间。根据分析结果，就容易判断某研究领域或思想流派在学科内的位置。

[①] 词篇矩阵为 0-1 矩阵，元素值代表某个关键词是否在某篇文献出现，1 表示出现，0 表示未出现。

SPSS、UCINET、MATLAB 等统计软件都能够生成多维尺度分析图谱，但多维尺度分析图谱无法清晰地呈现分组结果，有时候肉眼观察到的相邻节点可能隶属于不同的聚类，与层次聚类的结果相差甚远。为此，研究者通常根据层次聚类结果，手动绘制确定各组对象的边界。SPSS 软件中关于多维尺度分析的评价指标有 Stress 和 RSQ。

Stress 表示压力指数，RSQ 表示拟合指数。Stress 值越低，RSQ 值越高，拟合度则越高。通常，如果 Stress<0.10，表示拟合一般；如果 Stress<0.05，表示拟合良好；如果 Stress<0.025，表示拟合很好。RSQ 越接近 1 越好。

4.1.4　战略坐标分析

战略坐标图是在聚类基础上的一种研究方法，可以用来描述各研究主题的发展状况和演变趋势。战略坐标图以向心度（centrality）为横坐标，以密度（density）为纵坐标，以两者的中心数或均值为坐标原点，将代表主题的关键词聚类标记在直角坐标系中。密度指标反映了某个主题的内部聚合能力，向心度指标反映了某个主题与其他主题的连接能力。主题的密度越大，说明该主题的内部结构稳定性越高，它所代表的研究领域发展越成熟；主题的向心度越大，说明该主题与其他主题的连接能力越强，在整个研究领域中越处于中心地位。

主题在战略坐标图中分布在 4 个象限，如图 4-1 所示。

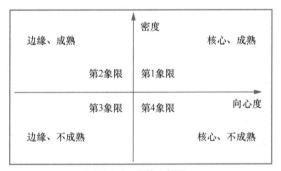

图 4-1　战略坐标图

第 1 象限为"核心、成熟"主题，这些主题是学科领域研究的热点和重点，受到广泛关注，其内部结构稳定，发展良好。

第 2 象限为"边缘、成熟"主题，其内部结构稳定，但与其他主题联系不够紧密，可能会被边缘化。

第 3 象限为"边缘、不成熟"主题，其内部结构松散，研究不成熟。

第 4 象限为"核心、不成熟"主题，它们也是学科领域研究和关注的重点对象，但是其内部结构松散，未得到充分发展。

参考学者张一涵的计算方法，在求聚类的密度时，对该聚类中的关键词共现频次总和取平均值，在求聚类的向心度时，对该聚类中的关键词与其他聚类中的关键词共现频次总和取平均值。计算公式如下。

$$\text{Density} = \frac{\sum\limits_{i,j \in G'} C_{ij}}{n}$$

$$\text{Centrality} = \frac{\sum\limits_{i \in G, j \in G-G'} C_{ij}}{n}$$

式中，G 表示整个共词网络中的所有聚类，G' 表示某个聚类，C_{ij} 表示关键词 i 和 j 共现次数，n 表示某个聚类所包含的关键词数量。

4.2 BICOMB

4.2.1 BICOMB 简介

书目共现分析系统（Bibliographic Items Co-occurrence Matrix Builder，BICOMB）由中国医科大学崔雷教授领导的团队开发，该软件通过快速读取文献书目数据，准确提取字段信息并统计出现频次，进而生成相关字段的共现矩阵，为进一步研究提供全面、准确、权威的基础数据。

4.2.2 下载与运行 BICOMB

打开浏览器，通过搜索，下载 BICOMB。下载的压缩包包含 bde_install 和 BICOMB2.0 文件夹。

注意，需要先安装 bde 运行环境（bde_install.exe），否则 BICOMB 运行时会报错。

然后，单击 BICOMB2.0 文件夹中的 bicomb.exe 程序，运行软件，主界面如图 4-2 所示。

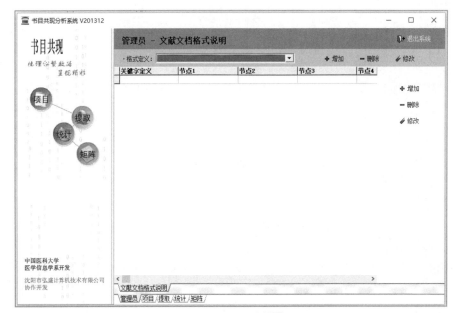

图 4-2　BICOMB 主界面

4.2.3　使用 BICOMB

在使用 BICOMB 提取信息之前，需要将采集到的题录数据文本文件的编码转换为 ANSI，如图 4-3 所示。

图 4-3　文本编码格式转换

接下来，介绍 BICOMB 的使用方法。

1. 增加格式定义

BICOMB 内置了 WOS、万方、维普等数据库的格式模板，格式由关键字定义和节点两个元素组成，关键字定义类似于自定义字段，节点类似于匹配字符串。如果内置格式不满足需求，用户可以根据具体数据库的文本格式来自定义格式。

图 4-4 展示了新增 CNKI 数据的格式模板。

格式定义:	library··<txt>		
关键字定义	节点1	节点2	节点3
<文章节点>	SrcDatabase-来源库:		
标题	Title-题名:		
作者	Author-作者:		
期刊	Source-文献来源:		
▶年代	Year-年:		
关键词	Keyword-关键词:		

图 4-4　新增 CNKI 数据的格式模板

自定义格式的操作步骤如下。

进入 BICOMB 的"管理员-文献文档格式说明"界面，单击"增加"按钮，会弹出"增加·格式类型"对话框，如图 4-5 所示。在该对话框中，指定"格式名称"为 library，指定"格式类型"为"<txt>"，单击"　✔确定　"按钮，即可增加格式类型。

图 4-5　增加格式类型

接着，分别单击"关键字定义"列下面的"<文章节点>""标题""作者"等，修改节点并指定取值方法描述。如图 4-6 所示，把关键字"<文章节点>"的节点 1 修改为"SrcDatabase-来源库:"，把"取值方法描述"设置为"单值，单行"；对于没有的关键字定义，需要进行增加操作。

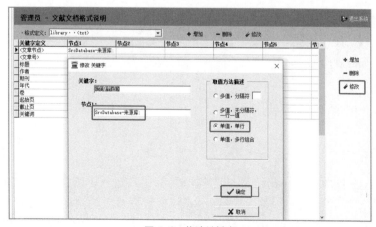

图 4-6　修改关键字

以增加关键字定义为例，单击"增加"按钮，在弹出的"增加关键字"对话框中，在"关键字"文本框中，输入"关键词"，在"节点 1"文本框中，输入"Keyword-关键词:"（冒号为半角的），把"取值方法描述"设置为"多值，分隔符;"，如图 4-7 所示。需要注意的是，BICOMB 使用文章节点来区分每一篇文献，如果不设定，会认为所有记录都源于一篇文献。

图 4-7　增加关键字

2. 增加项目

在 BICOMB 主界面中，单击底部的"项目"标签，进入 BICOMB 的"项目"界面，如图 4-8 所示，单击"+增加"按钮，在"项目编号"文本框中，输入项目编号，并选择内置的或自定义的格式类型，增加项目。

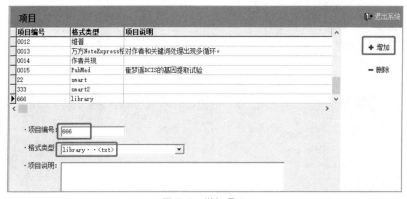

图 4-8　增加项目

3. 提取数据

在 BICOMB 主界面中，单击底部的"提取"标签，进入 BICOMB 的"提取"界面，如图 4-9 所示，首先单击"选择文档"选项，选择题录数据对应的文档。如果多个文档存放在同一个文件夹中，则单击"选择目录"选项，选择题录数据对应的文件夹。

图 4-9　字段提取

　　接着，单击"提取"选项，BICOMB 会导入文献并进行分析，提取相应的信息。提取成功后，选择关键字段，如"关键词"，会呈现关键词对应的值（频次），文章号由系统自动生成。如果提取数据后"统计"选项卡中显示 0，则表示提取失败，应仔细排查导致失败的原因。

　　此外，BICOMB 还提供了修改关键词的功能。论文中的很多关键词是意思相同而写法各异的，例如"RFID 技术"和"RFID"，"大学图书馆"和"高校图书馆"，"创新服务"和"服务创新"，""互联网+""（带双引号）和"互联网+"等，通过修改功能，可以对这些同义的关键词进行合并（见图 4-10）。

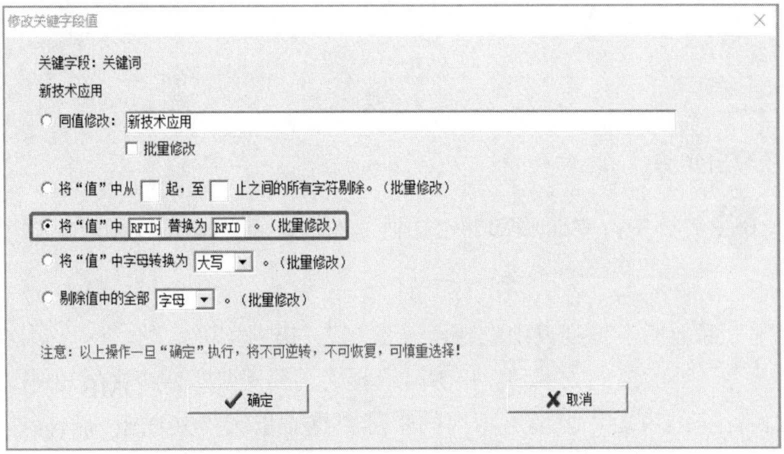

图 4-10　修改关键词

注意两点。

- 此处的修改功能采用的是模糊匹配而不是精确匹配，如果将"大学图书馆"修改为"高校图书馆"，则"重庆大学图书馆"修改为"重庆高校图书馆"。

- 待替换的关键词长度必须是 2 个字符以上，否则替换会失效。

以上这两点体现了 BICOMB 软件的不足。

4. 统计数据

在 BICOMB 主界面中，单击底部的"统计"标签，进入 BICOMB 的"统计"界面，如图 4-11 所示，从"关键字"后面的下拉列表中选择"关键词"，单击"Σ 统计"按钮，会呈现关键字的出现频次、百分比、累计百分比。

读者可以根据实际需求，选择频次阈值的范围，从而筛选出大于及等于该阈值的关键词，该示例中，频次阈值设为 5，共筛选出 83 个关键词（含 8 个宽泛词、本位词）。单击"导出至 Excel"按钮，将结果另存为 Excel 文件，如图 4-11 所示。

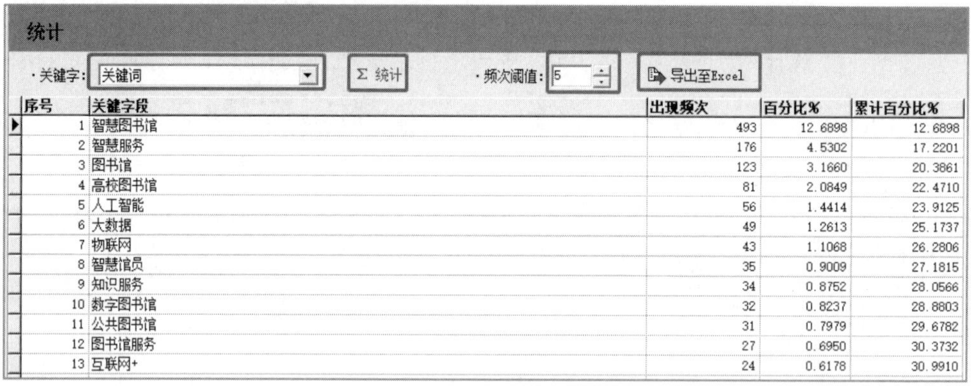

序号	关键字段	出现频次	百分比%	累计百分比%
1	智慧图书馆	493	12.6898	12.6898
2	智慧服务	176	4.5302	17.2201
3	图书馆	123	3.1660	20.3861
4	高校图书馆	81	2.0849	22.4710
5	人工智能	56	1.4414	23.9125
6	大数据	49	1.2613	25.1737
7	物联网	43	1.1068	26.2806
8	智慧馆员	35	0.9009	27.1815
9	知识服务	34	0.8752	28.0566
10	数字图书馆	32	0.8237	28.8803
11	公共图书馆	31	0.7979	29.6782
12	图书馆服务	27	0.6950	30.3732
13	互联网+	24	0.6178	30.9910

图 4-11　"统计"界面

5. 生成及导出矩阵

在 BICOMB 主界面中，单击底部的"矩阵"标签，进入 BICOMB 的"矩阵"界面，如图 4-12 所示。

从"关键字"后面的下拉列表中选择"关键词"，根据实际需求，选择频次阈值的范围，会筛选出大于及等于该阈值的关键词。接着，选择"词篇矩阵"或"共现矩阵"，单击"生成"按钮，等待软件计算结束后，呈现出相应的矩阵数据。单击"共现矩阵"标签，共现矩阵如图 4-13 所示。

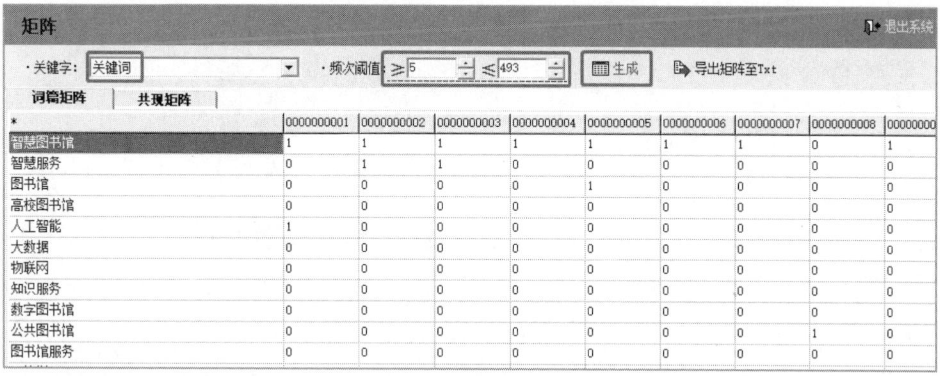

*	0000000001	0000000002	0000000003	0000000004	0000000005	0000000006	0000000007	0000000008	00000000
智慧图书馆	1	1	1	1	1	1	1	0	1
智慧服务	0	1	1	0	0	0	0	0	0
图书馆	0	0	0	0	1	0	0	0	0
高校图书馆	0	0	0	0	0	0	0	0	0
人工智能	1	0	0	0	0	0	0	0	0
大数据	0	0	0	0	0	0	0	0	0
物联网	0	0	0	0	0	0	0	0	0
知识服务	0	0	0	0	0	0	0	0	0
数字图书馆	0	0	0	0	0	0	0	0	0
公共图书馆	0	0	0	0	0	0	0	1	0
图书馆服务	0	0	0	0	0	0	0	0	0

图 4-12 “矩阵”界面

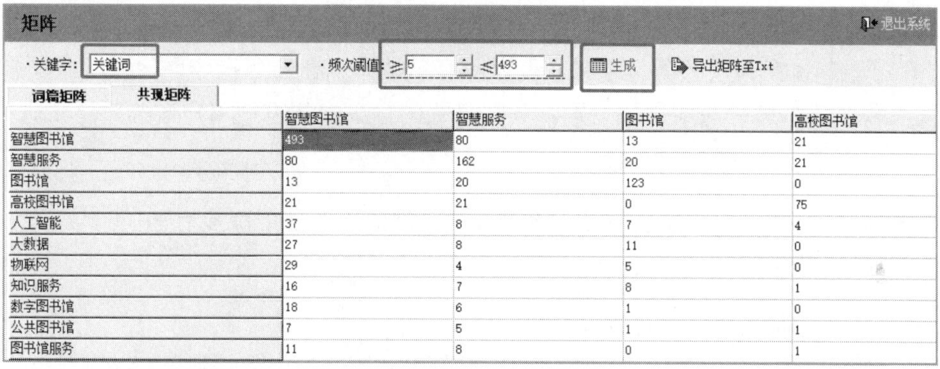

	智慧图书馆	智慧服务	图书馆	高校图书馆
智慧图书馆	493	80	13	21
智慧服务	80	162	20	21
图书馆	13	20	123	0
高校图书馆	21	21	0	75
人工智能	37	8	7	4
大数据	27	8	11	0
物联网	29	4	5	0
知识服务	16	7	8	1
数字图书馆	18	6	1	0
公共图书馆	7	5	1	1
图书馆服务	11	8	0	1

图 4-13 共现矩阵

最后，单击“导出矩阵至 Txt”按钮，将矩阵数据另存为文本文件。注意，若用记事本打开，该文件的可读性不好，建议使用 Notepad 软件查看，或者复制并粘贴到 Excel 中。

保存为 Excel 文件的关键词共现矩阵如图 4-14 所示。在完成聚类分析（关键词词篇矩阵）、多维尺度分析之前，需要对无效关键词进行剔除。

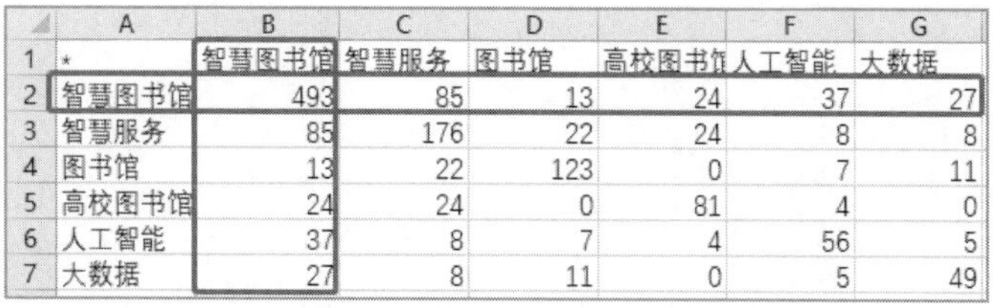

	A	B	C	D	E	F	G
1	*	智慧图书馆	智慧服务	图书馆	高校图书馆	人工智能	大数据
2	智慧图书馆	493	85	13	24	37	27
3	智慧服务	85	176	22	24	8	8
4	图书馆	13	22	123	0	7	11
5	高校图书馆	24	24	0	81	4	0
6	人工智能	37	8	7	4	56	5
7	大数据	27	8	11	0	5	49

图 4-14 保存为 Excel 文件的关键词共现矩阵

对于关键词共现矩阵，删除某个无效关键词所在的行以及列。对于关键词词篇矩阵，直接删除某个无效关键词所在的行。

4.3　SPSS

4.3.1　SPSS 简介

SPSS（Statistical Package for the Social Sciences，社会科学统计包）是应用最广泛的专业数据分析软件之一。SPSS 于 1968 年由斯坦福大学的 3 名学生创立，1975 年 SPSS 公司在芝加哥成立总部，1999 年 SPSS 公司收购了 ISL 公司及其 Clementine 产品线，即现在的 SPSS Modeler。2009 年 IBM 公司将 SPSS 公司收购，旗下两款主要的产品为 IBM SPSS Statistics（统计分析工具）与 IBM SPSS Modeler（数据挖掘工具）。其中 SPSS Statistics（简称 SPSS）具有描述性统计、均值比较、相关分析、回归分析等基本的描述统计与推断统计分析功能，以及聚类分析、因子分析和信度分析等高级统计与数据挖掘功能。在实际操作中，用户可以选择不同的分析方法和参数，进行前期的预设置，其图表式的输出报告方便用户对分析结果进行解读，并对结果的合理性进行评估与判别。

在 IBM 网站上，完成注册后可以下载并安装 SPSS 免费试用版（有 30 天试用期）。SPSS 主界面如图 4-15 所示。

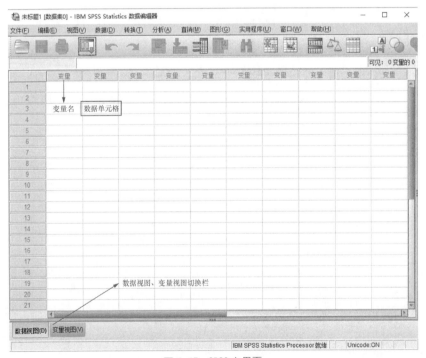

图 4-15　SPSS 主界面

同时会弹出新建、打开数据集的对话框（见图4-16）。

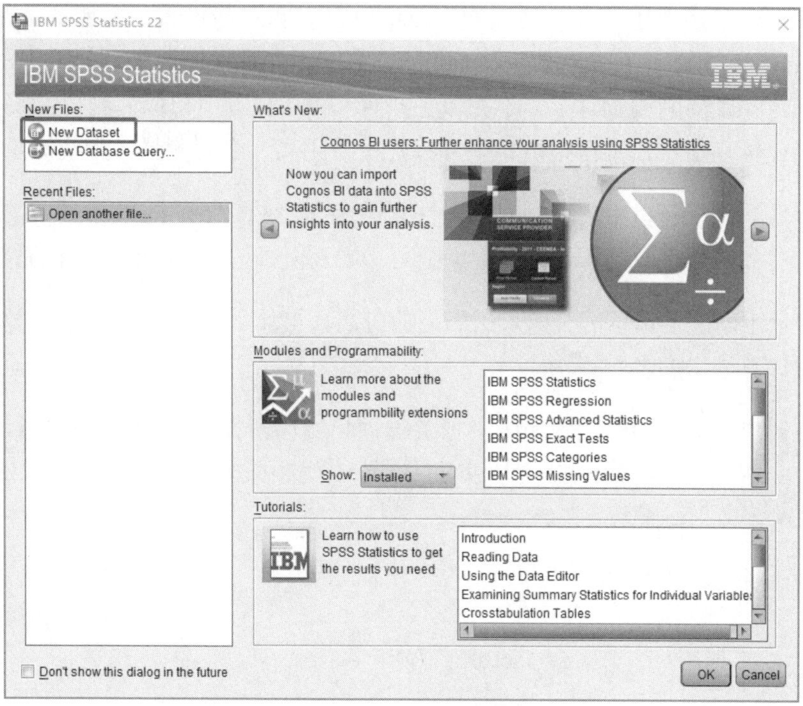

图 4-16　新建、打开数据集的对话框

SPSS 有数据视图和变量视图。默认显示数据视图，SPSS 中的数据和变量与关系数据库中的记录和字段类似。数据视图是一张二维表格，用于对数据进行增加、删除、修改操作；变量视图用于定义变量，SPSS 中变量有 3 种基本的数据类型——数值型、字符串型和日期型。

4.3.2　SPSS 距离分析的应用

距离分析是通过计算样本（SPSS 中称为个案）之间或者变量之间的广义距离，对它们之间的相似或不相似的程度进行测度，以考查研究对象之间的相似程度的一种统计方法。

根据统计量，距离分析分为相似性（similarity）测量和不相似性（dissimilarity）测量。前者用相似系数来描述。相似系数越接近 1，表明样本或变量之间关系紧密，相似程度高；相似系数越接近 0，表明样本或变量之间关系疏远，相似程度低。后者将样本或变量看作多维空间上的一个点。空间距离有多种不同的计算方法，距离较近的点越相似，距离较远的点越不相似。距离分析在因子分析、聚类分析、多维尺度分析等基于距离测量的分析方法中都会运用。

根据变量的数值特性，SPSS 将变量分为 3 种类型——区间（连续值）、计数（离散值）和二分类（二值）。

描述不相似性的距离主要有针对区间变量的欧几里得（Euclidean）距离、平方欧几里得（squared Euclidean）距离、闵可夫斯基（Minkowski）距离、切比雪夫（Chebychev）距离等，描述计数变量之间距离的测量有卡方不相似性测量和 Phi 平方不相似性测量，描述二分类变量之间距离的统计量包括欧几里得距离、平方欧几里得距离、变差测量、形状测量等。

描述相似系数的统计量主要有针对区间变量的夹角余弦（Consine）距离和皮尔逊（Pearson）相关系数，针对二分类变量的 Jaccard 相似系数、Dice 相似系数、Ochiai 相似系数等。

此外，对于不同度量单位的变量，比如人的身高、年龄、收入变量特征，需要做标准化处理，以消除对计算结果的影响。

由于本节研究目的是根据词篇矩阵进行关键词相似性研究，词篇矩阵为 0-1 矩阵，因此本节仅探讨二分类变量间的相似性测量方法。在 SPSS 中共计有 20 种，较常用的统计量是 Jaccard、Dice、Ochiai 这 3 种相似系数。

Jaccard 相似系数的计算方式如下。

$$\text{Jaccard}(x, y) = \frac{a}{a + b + c}$$

Dice 相似系数的计算方式如下。

$$\text{Dice}(x, y) = \frac{2a}{2a + b + c}$$

Ochiai 相似系数的计算方式如下。

$$\text{Ochiai}(x, y) = \sqrt{\frac{a}{a + b} \frac{a}{a + c}}$$

式中，a 表示 x 和 y 都为 1 的特征频次，b 表示 x 为 0、y 为 1 的特征频次，c 表示 x 为 1、y 为 0 的特征频次，d 表示 x 和 y 都为 0 的特征频次。

实现 SPSS 距离分析的操作步骤如下。

（1）在 SPSS 中，从菜单栏中选择"文件"→"打开"→"数据"（见图 4-17）或者选择"文件"→"打开文本数据"，选择前面通过 BICOMB 导出并保存的词篇矩阵对应的 Excel 文件，加载并显示矩阵信息。从数据视图中可以看出，SPSS 软件会自动为矩阵中的每一列生成一个变量（V1、V2、V3 等），为矩阵中的每一行生成一条数据。

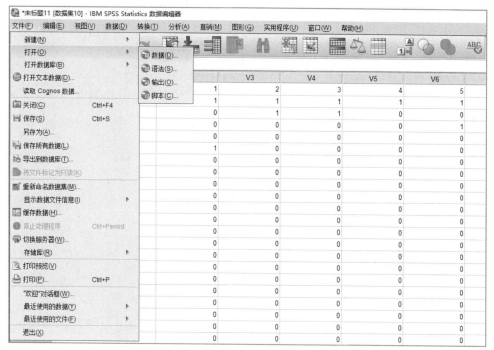

图 4-17 打开数据

（2）选择菜单栏中的"分析"→"相关"→"距离"（见图 4-18），弹出"距离"对话框
（见图 4-19），选择参与聚类分析的变量（除 V1 以外），将它们转入"变量"区域，选择字符
串变量 V1 作为标注个案的标记变量，测量类型设置为"相似性"。

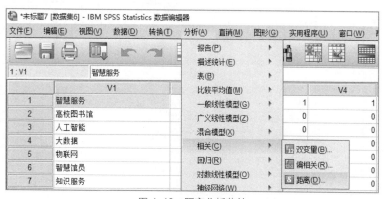

图 4-18 距离分析菜单

（3）单击"测量"按钮，弹出"距离：相似性测量"对话框（见图 4-20），测量算法设置
为针对"二分类"的 Ochiai。

图 4-19　"距离"对话框

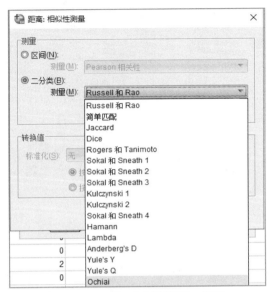

图 4-20　"距离：相似性测量"对话框

（4）单击"距离"对话框中的"确定"按钮，SPSS 会进行距离计算分析。输出结果如图 4-21 所示。其中近似值矩阵（即相似矩阵）可以通过右击并在弹出的菜单中选择"导出"，选择文件格式为 EXCEL 进行导出。

图 4-21　近似值矩阵输出结果和导出

4.3.3　SPSS 因子分析的应用

在进行 SPSS 因子分析之前，需要加载近似值矩阵数据并对其进行变量修改。在 SPSS 中，选择菜单栏中的"文件"→"打开"→"数据"或者"文件"→"打开文本数据"，加载前面导出的近似值矩阵对应的 Excel 文件，如图 4-22 所示。

图 4-22　加载近似值矩阵对应的 Excel 文件

删除前 3 行记录，将第一列显示的关键词左边的"数字+冒号"格式的内容删除，并将关键词按照顺序复制、粘贴到"变量视图"的第一列，即将关键词变为变量名。注意，SPSS 中的变量名不能以数字开头，如"5G"是不合法的，也不能包含特殊的字符，如"互联网+"也是不合法的。因此需要对变量名稍做修改，例如将"5G"改为"五 G"，将"互联网+"改为"互联网加"。

接着，单击 SPSS 主界面底部的"变量视图"按钮，进入 SPSS 的变量视图。如图 4-23所示，右击"字符串"，在弹出的对话框中，将各个关键词变量的"类型"由"字符串"改为"数值"，将"宽度"设置为 24，将"小数位"设置为 3，单击"确定"按钮。最后，保存该数据集，文件扩展名默认为".sav"，方便后期进行修改或分析。

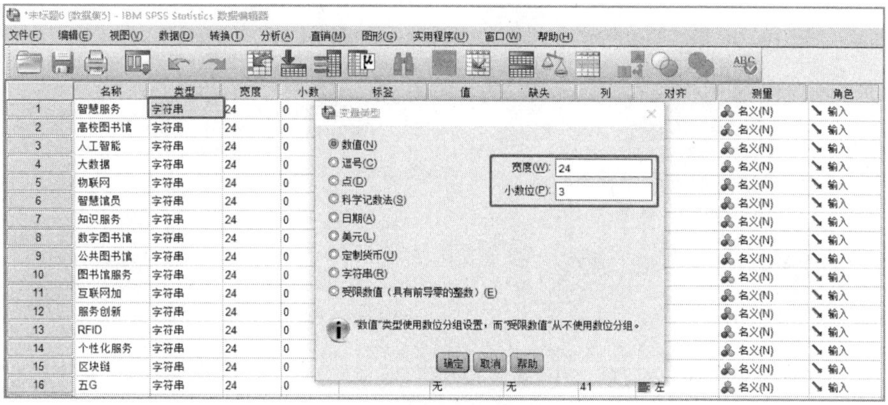

图 4-23　修改变量类型

实现 SPSS 因子分析的操作步骤如下。

（1）在 SPSS 中，选择菜单栏中的"分析"→"降维"→"因子分析"（见图 4-24），弹出"因子分析"对话框（见图 4-25），将 75 个关键词变量全部移动到右侧"变量"区域。

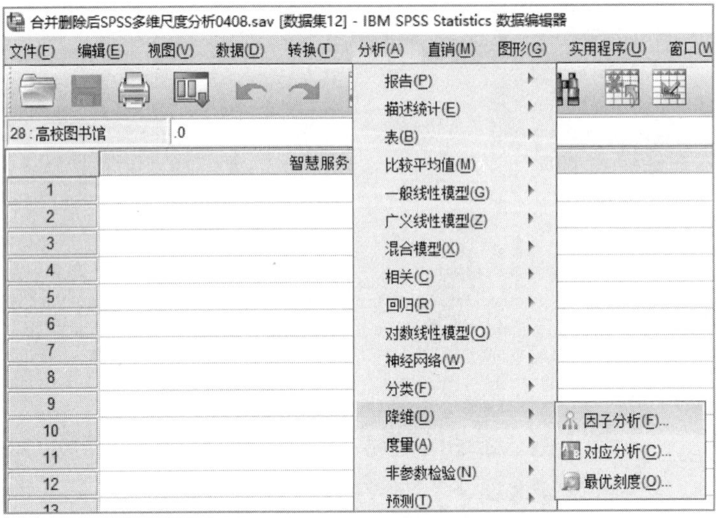

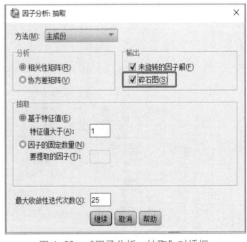

图 4-24　选择"分析"→"降维"→"因子分析"

（2）单击"抽取"按钮，弹出"因子分析：抽取"对话框（见图 4-26），在"输出"选项组中，勾选"碎石图"复选框，单击"继续"按钮。

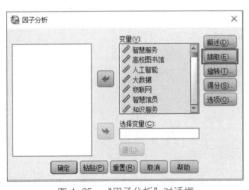

图 4-25　"因子分析"对话框

图 4-26　"因子分析：抽取"对话框

（3）在"因子分析"对话框中，单击"旋转"按钮，弹出"因子分析：旋转"对话框（见图 4-27），把"方法"设置为"最大方差法"，在"输出"选项组中，勾选"载荷图"复选框，单击"继续"按钮。SPSS 默认不对因子载荷矩阵进行旋转，旋转的目的在于简化矩阵结构，帮助解释因子。

（4）在弹出的对话框中，单击"得分"按钮，出现"因子分析：因子得分"对话框（见图 4-28），勾选"显示因子得分系数矩阵"复选框。

（5）在弹出的对话框中，单击"选项"按钮，出现"因子分析：选项"对话框（见图 4-29），勾选"取消小系数"复选框，在"绝对值如下："文本框中输入 0.4，单击"继续"按钮。单击"因子分析"对话框中的"确定"按钮，会输出结果。

图 4-27　"因子分析：旋转"对话框

图 4-28　"因子分析：因子得分"对话框

图 4-29　"因子分析：选项"对话框

在因子分析的输出结果中，提示该矩阵不是正定矩阵（见图 4-30），SPSS 认为样本值过小。将变量"微服务""智慧服务"去除后，重新进行因子分析，输出报告给出 KMO 和巴特利特检验指标（见图 4-31）。若 KMO 接近 1，巴特利显著性水平小于 0.05，则认为数据适合做因子分析。因此判定此次采用的文献数据不适合做因子分析。笔者尝试挖掘 31 个核心变量，用于后续的多维尺度分析。

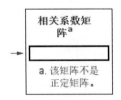

图 4-30　提示信息

KMO 和巴特利特检验		
KMO 取样适切性量数。		.118
Bartlett 的球形度检验	上次读取的卡方	1048.411
	自由度	2556
	显著性	1.000

图 4-31　KMO 和巴特利特检验

图 4-32 所示是因子分析的总方差解释。其中，"总计"表示因子的特征值，"方差百分比"表示该因子特征值占总特征值的百分比，"累计%"表示方差百分比的累计值。"累计""方差百分比""累计%"均只显示到千分位，双击对应数据可以显示精确的数值。前 31 个因子的特征值大于 1，方差百分比的累计值 69.379% 能够反映所有变量的信息。

总方差解释

组件	初始特征值			提取载荷平方和			旋转载荷平方和		
	总计	方差百分比	累计 %	总计	方差百分比	累计 %	总计	方差百分比	累计 %
1	3.188	4.251	4.251	3.188	4.251	4.251	2.885	3.846	3.846
2	2.601	3.469	7.720	2.601	3.469	7.720	2.101	2.802	6.648
3	2.476	3.301	11.020	2.476	3.301	11.020	2.087	2.783	9.431
4	2.419	3.225	14.245580	2.419	3.225	14.246	1.967	2.623	12.053
5	2.389	3.186	17.431	2.389	3.186	17.431	1.927	2.570	14.623
6	2.200	2.933	20.364	2.200	2.933	20.364	1.873	2.497	17.120
7	2.122	2.830	23.194	2.122	2.830	23.194	1.866	2.488	19.608

图 4-32　总方差解释

图 4-33 所示是因子分析的碎石图，由图可见，取第 31 个因子之前，曲线坡度较陡峭，而取第 31 个因子之后，曲线坡度变得相对平坦。

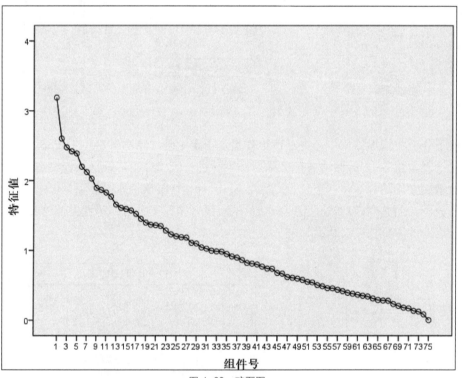

图 4-33　碎石图

图 4-34 和图 4-35 所示分别是因子分析的旋转后矩阵与旋转后因子复合散点图。

	1	2	3	4	5	6	7	8
智慧服务								
高校图书馆								
人工智能								
大数据								
物联网		0.881						
智慧馆员								
知识服务								
数字图书馆								
公共图书馆								
图书馆服务								
互联网加								
服务创新								
RFID								
个性化服务							0.827	
区块链								
5G								
服务模式								
云计算		0.808						
智慧化								
智慧城市								
情境感知							0.822	
研究热点								
学科服务				0.823				
服务平台						0.878		
移动图书馆								
阅读推广								
"十四五"规划								

图 4-34 旋转后矩阵

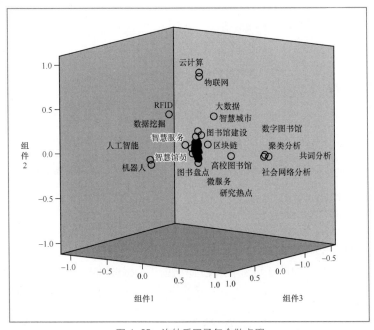

图 4-35 旋转后因子复合散点图

经过查找，得出 31 个公因子所对应的载荷较高的 31 个变量——物联网、数字图书馆、图书馆服务、互联网+、服务创新、个性化服务、智慧化、服务平台、移动图书馆、阅读推广、"十四五"规划、智慧阅读、图书馆学、知识图谱、高质量发展、隐私保护、智慧空间、应用场景、移动视觉搜索、公共智慧服务、机器人、智慧社会、图书馆学五定律、空间再造、服务能力、图书馆联盟、嵌入式服务、数字化、双一流、精准服务、共词分析。

4.3.4　SPSS 聚类分析的应用

实现 SPSS 聚类分析的操作步骤如下。

（1）在 SPSS 中，选择菜单栏中的"文件"→"打开"→"数据"，加载前面通过 BICOMB 导出的词篇矩阵对应的 Excel 文件。

（2）选择菜单栏中的"分析"→"分类"→"系统聚类"（见图 4-36），弹出"系统聚类分析"对话框（见图 4-37），将参与聚类分析的变量（除 V1 以外）移动到"变量"区域，选择字符串变量 V1 作为标注个案的标记变量。

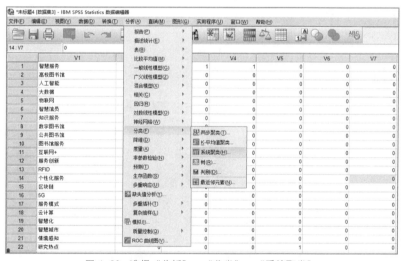

图 4-36　选择"分析"→"分类"→"系统聚类"

（3）在"系统聚类分析"对话框中，分别单击右侧的"Statistics""绘图"和"方法"按钮，在弹出的对话框中对相应的参数进行设置。在弹出的"系统聚类分析：统计"对话框（见图 4-38）中，勾选"近似值矩阵"复选框；在弹出的"系统聚类分析：图"对话框（见图 4-39）中，勾选"谱系图"复选框；在弹出的"系统聚类分析：方法"对话框（见图 4-40）中，从"聚类方法"后面的下拉列表中选择"组与组之间的链接"，在"测量"选项组中，选择"二分类"中的 Ochiai。

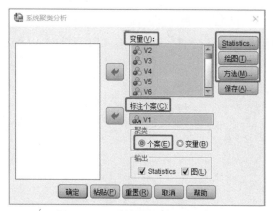

图 4-37 "系统聚类分析"对话框

图 4-38 "系统聚类分析：统计"对话框

图 4-39 "系统聚类分析：图"对话框

图 4-40 "系统聚类分析：方法"对话框

（4）单击"系统聚类分析"对话框中的"确定"按钮，SPSS 运行并输出结果，包括近似值矩阵（图略）和谱系图（见图 4-41），两者都可以通过右击并选择"导出"，选择文件格式并导出。

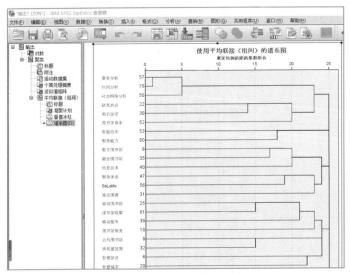

图 4-41　输出的聚类谱系图（部分）

图 4-41 所示的谱系图以树状图的形式展现了聚类中每一次类合并的情况。上方 0～25 的标尺代表类间的距离。从左向右观察，分析整个聚类过程。

由图 4-41 可见，第一步合并的是"聚类分析"（57 号）和"共词分析"（75 号）两个关键词，第二步合并的是"机器人"（46 号）和"图书盘点"（65 号），第三步合并的是第一步合并的小类和"社会网络分析"（50 号），最终所有观测个案都合并成一个大类。

谱系图的聚类过程与凝聚计划（见图 4-42）的合并情况是一致的。

	凝聚计划					
	组合的集群			首次出现阶段集群		
阶段	集群 1	集群 2	系数	集群 1	集群 2	下一个阶段
1	57	75	0.548	0	0	3
2	46	65	0.507	0	0	43
3	50	57	0.441	0	1	48
4	5	18	0.407	0	0	21
5	28	74	0.387	0	0	35
6	36	41	0.375	0	0	33
7	23	69	0.372	0	0	32
8	24	67	0.372	0	0	41
9	59	73	0.365	0	0	33
10	54	62	0.333	0	0	53
11	16	38	0.324	0	0	30
12	14	21	0.299	0	0	55

图 4-42　凝聚计划

关于智慧图书馆的关键词词篇矩阵聚类结果如表 4-1 所示。

表 4-1 关键词词篇矩阵聚类结果

序号	聚类	关键词
1	热点分析	研究热点（14）、图书馆学（10）、聚类分析（6）、社会网络分析（6）、图书馆事业（6）、共词分析（5）
2	技术和服务能力	服务能力（6）、智能技术（6）
3	智慧图书馆内涵	数字图书馆（32）、知识图谱（9）、融合图书馆（8）、信息技术（8）、服务体系（6）、SoLoMo（6）
4	馆员、服务和公共图书馆	智慧馆员（35）、图书馆服务（27）、公共图书馆（21）、智慧城市（15）、移动图书馆（12）、高质量发展（9）移动服务（8）、图书馆联盟（6）
5	个性化服务	个性化服务（20）、情境感知（14）、智慧社会（7）、图书馆建设（7）、微服务（5）
6	智慧空间	智慧空间（8）、图书馆空间（8）、空间再造（6）、空间服务（5）
7	区块链	区块链（20）、智慧阅读（11）、数字阅读（5）
8	物联网	物联网（43）、服务创新（23）、RFID（22）、云计算（17）、机器人（7）、智慧校园（6）、图书盘点（5）
9	学科服务	智慧服务（176）、高校图书馆（81）、智慧化（16）、学科服务（13）、"十四五"规划（12）、信息服务（7）、数字化（5）、大数据时代（5）、双一流（5）、嵌入式服务（5）
10	互联网+	互联网+（24）
11	知识服务	知识服务（34）、公共智慧服务（7）、图书馆学五定律（6）、转知成慧（6）
12	人工智能和大数据	人工智能（56）、大数据（49）、用户画像（12）、精准服务（5）、伦理规范（5）
13	服务模式转型	服务模式（17）、阅读推广（12）、数据驱动（8）、移动视觉搜索（7）、深度学习（6）
14	前沿技术	5G（19）、服务平台（13）、FOLIO（5）、应用场景（8）、数字孪生（8）
15	数据挖掘和隐私保护	隐私保护（8）、数据挖掘（7）、数字资源（6）、数据服务（5）

将以上结果与 VOSviewer 的聚类结果相比，可以发现两种方法局部的聚类结果是相似的，如热点分析、物联网、学科服务、知识服务、个性化服务等。但是从全局来看，SPSS 的聚类结果优劣参半。优势是部分主题更细化，比如 6 号聚类（智慧空间）和 7 号聚类（区块链）的关联度低，应当分离，而 VOSviewer 的聚类结果是合并的。劣势在于：其一，聚类 4 包含馆员、服务以及公共图书馆，馆员、服务应当与公共图书馆分离；其二，存在过度分割、结构松散的问题——10 号聚类仅有一个孤立关键词"互联网+"，互联网+是推动行业信息化的时代标语，可以与其他聚类合并。2 号聚类是关于技术和服务能力的主题，3 号聚类是关于智慧图书馆内涵的主题。VOSviewer 将上述的 2 号、3 号、10 号以及 4 号聚类合并，从宏观上体现了智慧图书馆的技术、馆员、服务三位一体的概念内涵。通过综合比较可知，VOSviewer 的聚类结果更合理。

为了验证中国医科大学大学崔雷的论断，笔者采用关键词相似矩阵进行聚类，选择欧几里得距离，结果如表 4-2 所示。由表 4-2 可见，距离经过二次计算后，聚类效果不理想，热点分析这个整体主题被切分为研究方法（1 号聚类）和热点分析（13 号聚类）。15 号聚类涉及的主题过多，包括人工智能、大数据、数据挖掘、数据服务和隐私保护。6 号聚类涉及知识服务，与 18 号聚类重合。

表 4-2　关键词相似矩阵的聚类结果

序号	聚类	关键词
1	研究方法	社会网络分析、共词分析、聚类分析
2	机器人盘点	机器人、图书盘点
3	信息技术	物联网、云计算、RFID
4	空间服务	智慧空间、图书馆空间、空间再造、空间服务
5	5G 和服务平台	服务平台、FOLIO、5G、应用场景、数字孪生
6	转知成慧	图书馆学五定律、转知成慧
7	精准服务	用户画像、精准服务、伦理规范
8	"十四五"规划	"十四五"规划、信息服务、数字化
9	学科服务	智慧化、大数据时代、学科服务、双一流、智慧服务、高校图书馆、嵌入式服务
10	个性化服务	个性化服务、情景感知、智慧社会、微服务、图书馆建设
11	区块链和智慧阅读	智慧阅读、数字阅读、区块链
12	阅读推广	阅读推广、数据驱动、移动视觉搜索、深度学习、服务模式
13	热点分析	研究热点、图书馆学、图书馆事业
14	公共图书馆	公共图书馆、高质量发展、数字资源
15	人工智能、大数据、数据挖掘和隐私保护	人工智能、大数据、数据挖掘、数据服务、隐私保护
16	移动图书馆	移动图书馆、图书馆联盟、移动服务、图书馆服务
17	融合图书馆	服务体系、SoLoMo、知识图谱、数字图书馆、融合图书馆、信息技术、互联网+
18	知识服务和服务能力	知识服务、公共智慧服务、服务创新、服务能力、智慧馆员、智慧城市

4.3.5　SPSS 多维尺度分析的应用

通常情况，相异矩阵更适合用于多维尺度分析，因此需要先将相关矩阵转换为相异矩阵，操作方法如下。

使用 Excel 打开 4.3.2 节中导出的近似值矩阵对应的 Excel 文件，如图 4-43 所示，通过在空余单元格中输入公式"1-单元格"，并横向、纵向拖曳单元格完成数据的批量转换。用转换后的矩阵值替换掉 SPSS 的原始数据即可。此外，75 个关键词数量过多，造成映射在二维空间的节点过于密集，因此根据 4.3.3 节提取的 31 个公因子对应的关键词相关矩阵，重新构建一个相异矩阵。

=1-B2	0.946	1.000	1.000	0.936	1.000	1.000	1.000	0.956	1.000
0.946	0.000	0.830	0.964	1.000	1.000	1.000	1.000	0.949	1.000
1.000	0.830	0.000	0.961	0.960	1.000	0.952	1.000	0.944	1.000
1.000	0.964	0.961	0.000	0.957	1.000	1.000	1.000	1.000	1.000
0.936	1.000	0.960	0.957	0.000	1.000	1.000	1.000	0.940	1.000
1.000	1.000	1.000	1.000	1.000	0.000	1.000	1.000	1.000	1.000
1.000	1.000	0.952	1.000	1.000	1.000	0.000	1.000	1.000	1.000
1.000	1.000	1.000	1.000	1.000	1.000	1.000	0.000	1.000	1.000
1.001	0.949	0.944	1.000	0.940	1.000	1.000	1.000	0.000	1.000
1.007	1.000	1.000	1.000	1.000	1.000	1.000	1.000	1.000	0.000

图 4-43　相关矩阵转换为相异矩阵（部分值）

实现 SPSS 多维尺度分析的操作步骤如下。

（1）在 SPSS 中，选择菜单栏中的"分析"→"度量"→"多维刻度（ALSCAL）"，弹出"多维刻度"对话框（见图 4-44），将参与多维尺度分析的变量全部移动到"变量"区域。在"距离"选项组中，保持默认值"数据为距离数据"，"形状"设置为"正对称"。

（2）在"多维刻度"对话框中，单击右侧的"选项"按钮，弹出"多维刻度：选项"对话框（见图 4-45），在"输出"选项组中，勾选"组图"复选框，单击"继续"按钮。设置参数，单击"确定"按钮，SPSS 会运行并输出多维尺度分析结果（见图 4-46）。

图 4-44　"多维刻度"对话框

图 4-45　"多维刻度：选项"对话框

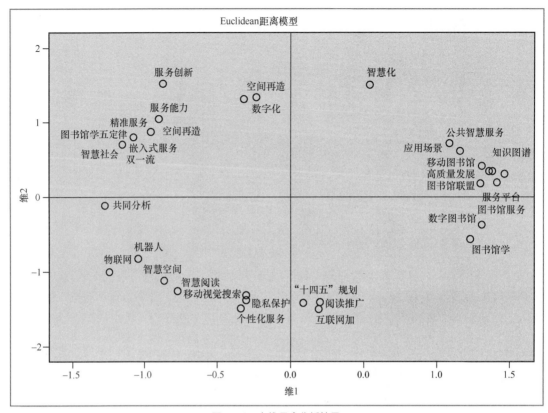

图 4-46　多维尺度分析结果

由图 4-46 可见，代表公因子的关键词分布于 4 个象限，各区域中关键词之间的距离反映了亲疏程度，距离越近，代表关联越紧密，如图书馆联盟、高质量发展、移动图书馆，图书馆服务 4 个关键词关联紧密，并且归属于同一聚类。

4.3.6　战略坐标分析的应用

VOSviewer 的聚类效果优于 SPSS 的，因此根据 VOSviewer 的聚类结果绘制战略坐标图。具体的操作步骤如下。

（1）对共现矩阵排序。首先，在关键词共现矩阵对应的 Excel 表格中，增加列"聚类号"，并依次输入 VOSviewer 的各关键词对应的聚类号。接着，将聚类号进行排序。排序后的关键词共现矩阵如图 4-47 所示，此时共现矩阵变成一个非对称矩阵。

（2）计算密度（见图 4-48）。新建 Excel 表格，以 1 号聚类为例，共 9 个关键词。首先，复制 Excel 表格中的表头以及第 1～9 行数据，将它们粘贴到新建的表格中。接着，将表头中不相关的关键词所在列逐一删除，并将对角线中的数值修改为 0。然后，选中某个空白单元格，输入公式"=SUM("，选择多行多列的数值型单元格，编辑该公式，将其转换为"SUM(B16:J24)/9"，按 Enter 键，计算密度值。

	A	B	C	D	E	F	G	H	I
1	聚类号	▼	智慧服务	高校图书馆	人工智能	大数据	物联网	智慧馆员	知识服务
2	1	人工智能	8	4	56	5	4	1	0
3	1	服务模式	4	0	1	2	1	0	2
4	1	阅读推广	1	2	0	0	0	0	1
5	1	用户画像	0	0	0	2	0	0	2
6	1	数据驱动	4	1	2	1	0	1	0
7	1	移动视觉搜索	2	0	0	0	0	0	1
8	1	深度学习	2	0	1	0	0	0	0
9	1	伦理规范	1	0	1	1	0	0	0
10	1	精准服务	1	0	1	1	0	1	0
11	2	智慧馆员	11	2	1	2	0	35	0
12	2	数字图书馆	6	0	0	1	2	1	0
13	2	互联网+	8	3	1	1	0	0	1
14	2	融合图书馆	1	0	0	0	0	0	0
15	2	信息技术	1	0	0	0	1	1	0
16	2	智能技术	1	0	1	1	1	1	0

图 4-47　排序后关键词共现矩阵

▼	人工智能	服务模式	阅读推广	用户画像	数据驱动	移动视觉搜	深度学习	伦理规范	精准服务	密度
人工智能	0	1	0	0	2	0	1	1	1	=SUM(B16:J24)/9
服务模式	1	0	1	0	1	1	1	0	0	
阅读推广	0	1	0	1	2	0	1	0	0	
用户画像	0	0	1	0	1	0	0	0	3	
数据驱动	2	1	2	1	0	0	1	0	0	
移动视觉搜	0	1	0	0	1	0	0	0	0	
深度学习	1	1	1	0	1	0	0	0	0	
伦理规范	1	0	0	0	0	0	0	0	1	
精准服务	1	0	0	3	0	0	0	1	0	

图 4-48　1 号聚类的密度计算

（3）计算向心度。向心度计算与密度计算的方法几乎一致，仅需要注意将表头中相关的关键词所在列逐一删除，再求和，取均值。

（4）绘制战略坐标图。11 个聚类的密度和向心度如表 4-3 所示。在 Excel 中插入"散点"图表，数据源对应于密度、向心度指标，并通过平均密度和平均向心度两个指标平移横、纵坐标轴。最终的战略坐标图如图 4-49 所示。

表 4-3　11 个聚类的密度和向心度

聚类号	聚类名	密度	向心度	聚类号	聚类名	密度	向心度
1	阅读推广	4.444	28	7	个性化服务	4	7.333
2	馆员、服务和技术	4.25	11.25	8	学科服务	8.333	16.333
3	热点分析	5.5	5.25	9	物联网	8.667	13.167
4	数据挖掘和隐私保护	2.286	8.429	10	知识服务	11.667	35.667
5	区块链和智慧空间	4	8.286	11	前沿技术	5.6	10.2
6	图书馆联盟	4	17.857	—	—	—	—

11 个聚类的平均密度是 5.704，平均向心度是 14.707。

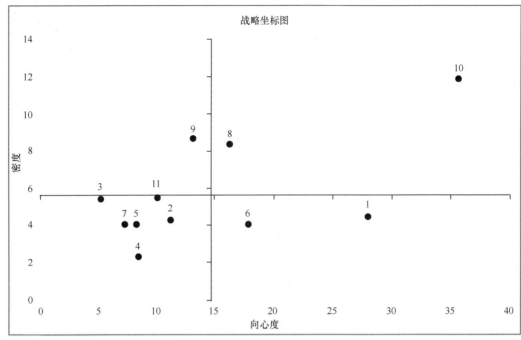

图 4-49　最终的战略坐标图

图 4-49 所示的战略坐标图分为 4 个象限。4 个象限的主题分布情况如下。

第 1 象限包含 8 号（学科服务）和 10 号（知识服务），这两个主题的密度和向心度都比较高，它们属于重点研究主题，并且其研究状况也比较成熟。

第 2 象限仅包括 9 号（物联网），其密度较高但向心度较低，其研究状况还是比较成熟的，已形成完整的理论体系，但是该主题在领域中不重要，目前所受到的关注较少，后期可能缺乏发展而逐渐边缘化。

第 3 象限包含主题较多，总计 6 个——2 号（馆员、服务和技术）、3 号（热点分析）、4 号（数据挖掘和隐私保护）、5 号（区块链和智慧空间）、7 号（个性化服务）、11 号（前沿技术）。这些主题的向心度和密度都比较低，说明这 6 个主题处于边缘位置，研究状况不够成熟，受到学者的关注较少，在后续发展过程中有可能被分解或演化。

第 4 象限包括 1 号（阅读推广）和 6 号（图书馆联盟）两个主题，这两个主题的密度较低但向心度较高，说明它们是领域中重要的研究主题，但由于其内部结构松散，研究状况目前尚不成熟，还有较大的发展空间，有待进行深度研究。

4.4 本章小结

　　本章首先对因子分析、聚类分析、多维尺度分析、战略坐标图的相关理论做了介绍；接着采用 BICOMB 工具对智慧图书馆领域的题录数据进行数据预处理，从而实现高频关键词的提取及词篇矩阵的导出；最后结合词篇矩阵实例数据，详细介绍了如何使用 SPSS 工具进行各种多元统计分析。需要说明的是，本章依据 VOSviewer 产生的聚类结果，使用 Excel 工具绘制战略坐标图，SPSS 工具并不支持战略坐标图的绘制功能。

第5章 社会网络分析工具 UCINET 的应用

社会网络分析是研究社会结构的新兴方法和技术，目前已经形成一系列专有术语和概念，并已成为一种全新的社会科学研究范式。本章针对社会网络分析的理论方法和工具 UCINET 的应用进行详细阐述，使读者掌握如何使用工具进行数据输入与输出、关键词层次聚类计算以及网络的中心度计算、凝聚子群计算、密度计算等。

注意，尽管输入 UCINET 的数据可以使用 CiteSpace 或 VOSviewer 保存的图谱网络文件，但是 CiteSpace 节点未经过阈值筛选，这导致生成的网络过于庞大。当把使用 VOSviewer 保存的网络文件输入 UCINET 时，UCINET 会卡顿，无法继续运行。因此我们仍然使用 BICOMB 对作者、机构等知识单元进行提取，并生成相关矩阵，具体操作请参考第 4 章。

5.1 社会网络分析理论方法

社会网络分析（Social Network Analysis，SNA）是在人类学、心理学、社会学、数学及统计学领域中发展起来的，起源于 20 世纪 30 年代的英国，随后得到重要发展。网络是由节点及节点之间的某种关系构成的集合，社会网络则是指社会行动者（social actor）及其关系的集合。

在网络图谱中，社会网络呈现的是由多个节点和各节点之间的连线组成的集合。其中，节点代表社会行动者，连线代表行动者之间的关系。根据连线（关系）的方向，图谱可以分为无向图和有向图。行动者可以是个体、公司、学校乃至组织、国家等。行动者之间的关系类型是多样化的，比如上下级关系、国家之间的贸易关系、社交平台中的好友关系、学者之间的科研合作关系等。社会网络分析用于描述和测量行动者之间的关系或通过这些关系流动的信息的沟通情况或知识流动的情况。

社会网络分析中的模是指行动者的集合，模数是指行动者集合类型的数目。由一个行动者集合内部各个行动者构成的关系网络称作 1 模网络。学者之间的科研合作网络就是典型的 1 模网络。由一类行动者集合与另一类行动者集合构成的关系网络称作 2 模网络。例如，学者-关键词网络由学者类节点和学者所发表论文的关键词类节点及其相互连线构成，从该网络中可以探测到有相同研究兴趣的学者群，从而为促进和建立隐性的、间接的学者合作关系提供可能。

目前，图书情报学科中关于应用社会网络分析法的研究不断增多，其中科研合作网络是重要的研究领域之一。科研合作网络的研究范畴是某个学术机构内部或多个学术机构的跨地域合作情况，研究方法是基于某个学科或研究领域，通过构建科学知识图谱，建立作者间、机构间或国家间群体关系的动态模型，从而描述网络内部结构和个体对整个群体的影响。如图 5-1 所示，科研合作网络分析可以从微观、中观、宏观 3 个视角分别对作者、机构及国家的合作网络进行分析。

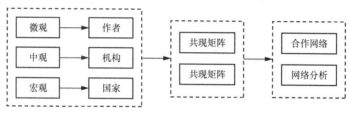

图 5-1 科研合作网络分析原理

5.1.1 中心度

中心度是社会网络分析中的重要概念之一，反映了行动者在社会网络中所处的核心地位与影响力。中心度的度量指标有 3 个——度中心度（degree centrality）、中介中心度（betweenness centrality）和接近中心度（closeness centrality）。

此外，中心度可分为绝对中心度和相对中心度。绝对中心度是指一个节点的中心度，而相对中心度是标准化形式，它为绝对中心度与图中节点的概率最大的中心度之比。

1. 度中心度

度中心度是用网络中与该节点直接关联的节点个数来衡量的，也称作度数或点度中心度。度中心度大的节点在网络中处于中心地位，影响力大。在有向图中，每个节点的度可分为入度和出度。其中，入度是终止于某节点的关系数；出度是从某节点开始的关系数。为了衡量不同规模网络中节点的度中心度，林顿·费里曼（Linton Freeman）于 1979 年提出相对度中心度，表示节点的绝对度中心度与网络中任何一节点的最大可能的度数之比。

在无向图中，节点 n_i 的绝对度中心度记作 $D(i)$，$D(i)=d(n_i)$。其中，$d(n_i)$ 为节点的度。节点 n_i 的相对度中心度记作 $D'(i)$，计算公式如下。

$$D'(i) = \frac{d(n_i)}{n-1}$$

式中，n 为网络中的总节点数。

假设图 G 由节点集和连线集共同组成，节点代表行动者，连线代表行动者之间的关系，节点也称作顶点，连线也称作边。图 G 可以划分为子图 G'，子图 G'由图 G 的子节点集和子连线集构成。图 5-2 所示是由 5 个节点构成的无向图网络。

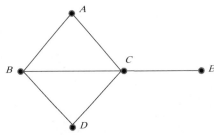

图 5-2　由 5 个节点构成的无向图网络

其对应的邻接矩阵（adjacency matrix）通过 UCINET 输入电子表格，如图 5-3 所示。邻接矩阵是用于描述节点关系的方阵，矩阵中的元素代表节点间是否有关系，1 表示有，0 表示无。图 5-2 中节点最可能的度数是 5−1=4，节点 C 的绝对度中心度记作 $D(C)$，相对度中心度记作 $D'(C)$，节点 C 与节点 A、B、D、E 均有连接，因此 $D(C)$=1+1+1+1=4，$D'(C)$= 4/4=1。

	A	B	C	D	E
A	0	1	1	0	0
B	1	0	1	1	0
C	1	1	0	1	1
D	0	1	1	0	0
E	0	0	1	0	0

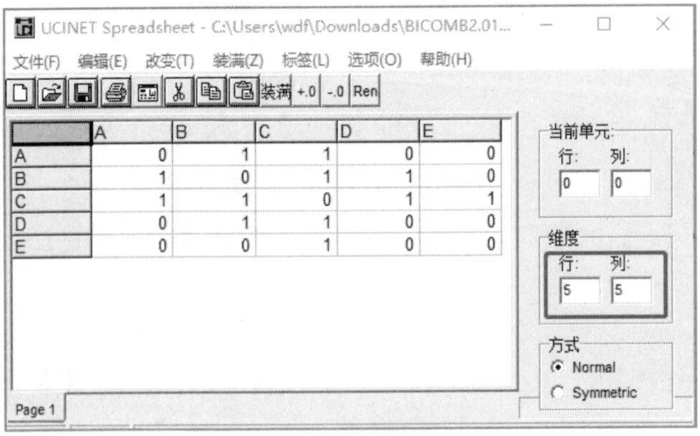

图 5-3　邻接矩阵

注意，在 UCINET 中，选择菜单栏中的“数据”→“电子表格”→“矩阵”，打开邻接矩阵，行数和列数的默认值都是 30，把它们都改为 5，接着将矩阵的行和列标签编辑成 A、B、C、D 和 E。

通过 UCINET 计算出的 5 个节点的度中心度如图 5-4 所示，Degree 代表绝对度中心度，

NrmDegree 代表相对度中心度，Share 代表绝对度中心度占总度中心度的比例。

```
                    1            2            3
                 Degree    NrmDegree        Share
               ----------  -----------  -----------
      3  C        4.000      100.000        0.333
      2  B        3.000       75.000        0.250
      1  A        2.000       50.000        0.167
      4  D        2.000       50.000        0.167
      5  E        1.000       25.000        0.083
```

图 5-4　5 个节点的度中心度

2. 中介中心度

如果一个行动者处于多个行动者之间，则认为他具有控制其他两个行动者之间交往的能力，弗里曼指出，"处于这种位置的人可以通过控制或曲解信息的传递而影响群体"。中介中心度是度量节点在网络中"控制"其他节点能力的一个指标，表示在网络中一个节点在多大程度上是图中其他节点之间的重要"中介"，该节点在网络中起到"沟通桥梁"的作用，是连接两个不同子群的关键枢纽。具体地说，如果一个节点处于许多其他节点对的捷径（最短路径）上，则该节点具有较高的中介中心度。

节点 n_i 的绝对中介中心度记作 $B(i)$，计算公式如下。

$$B(i) = \sum_{j<k} \frac{g_{jk}(i)}{g_{jk}}$$

式中，$g_{jk}(i)$ 表示节点 j 到节点 k 之间存在的经过节点 i（i 是正整数）的捷径数，g_{jk} 表示节点 j 到节点 k 的捷径数。

节点 i 的相对中介中心度记作 $B'(i)$，计算公式如下。

$$B'(i) = \frac{2B(i)}{(n-1)(n-2)}$$

式中，n 为网络中的总节点数。

在图 5-2 所示的由 5 个节点构成的无向图网络中，节点 C 的绝对中介中心度记作 $B(C)$，逐一观察所有的节点对，可以发现：A 和 E 之间只有一条捷径 $A \rightarrow C \rightarrow E$，因此 $B(C)$ 为 1；A 和 D 之间存在两条捷径 $A \rightarrow B \rightarrow D$ 和 $A \rightarrow C \rightarrow D$，因此 $B(C)$ 为 0.5；B 和 E 之间只有一条捷径 $B \rightarrow C \rightarrow E$，因此 $B(C)$ 为 1；D 和 E 之间只存在一条捷径 $D \rightarrow C \rightarrow E$，因此 $B(C)$ 为 1；最终 $B(C)$ 为 1+0.5+1+1=3.5，$B'(C)=(2×3.5)/(4×3)≈0.5833$。通过 UCINET 计算 5 个节点的中介中心度，如图 5-5 所示。

```
                            1               2
                      Betweenness  nBetweenness
                      ------------  ------------
          3  C             3.500        58.333
          2  B             0.500         8.333
          1  A             0.000         0.000
          4  D             0.000         0.000
          5  E             0.000         0.000
```

图 5-5　5 个节点的中介中心度

3. 接近中心度

接近中心度反映了一个节点不受其他节点"控制"的能力。如果一个节点通过比较短的路径与许多其他节点相连，则该节点具有较高的接近中心度，通过该节点在网络中传递信息更加容易、顺畅。

节点 i 的绝对接近中心度记作 $C(i)$，表示节点 i 与其他节点之间的捷径之和的倒数。计算公式如下。

$$C(i) = \frac{1}{\sum\limits_{j=1} d_{ij}}$$

式中，d_{ij} 表示节点 i 和 j 之间的捷径。

节点 i 的相对接近中心度记作 $C'(i)$，计算公式如下。

$$C'(i) = \frac{n-1}{\sum\limits_{j=1} d_{ij}}$$

式中，n 为网络中的总节点数。

在图 5-2 所示的由 5 个节点构成的无向图网络中，节点 C 到其他节点的捷径均为 1，因此节点 C 的绝对接近中心度 $C(C)=1/(1+1+1+1)=1/4$，节点 C 的相对接近中心度 $C'(C)=(5-1)/4=1$。通过 UCINET 计算 5 个节点的接近中心度，如图 5-6 所示。

```
Closeness Centrality Measures

                        1              2
                   Farness   nCloseness
                  ---------  -----------
       3  C           4.000      100.000
       2  B           5.000       80.000
       1  A           6.000       66.667
       4  D           6.000       66.667
       5  E           7.000       57.143
```

图 5-6　5 个节点的接近中心度

5.1.2 凝聚子群

凝聚子群是满足如下条件的一个行动者集合:

在集合中的行动者之间具有较强的、直接的、紧密的、经常的或者积极的关系。

凝聚子群具有较多的关系属性,这导致它有多种概念及分析方法,包括 n 派系、n 宗派、k 丛、k 核以及凝聚子群密度。其中,n 派系、n 宗派基于"距离"(路径数)来测量,而 k 丛、k 核基于"度数"来测量。

k 核的定义如下:

如果子图 G 中所有节点至少与其他 k 个节点邻接,即任意点的度都大于或等于 k,则称该网络是 k 核。

k 丛与 k 核不同,前者要求各个节点至少与除 k 个节点之外的其他节点相连。

针对图 5-2 所示的由 5 个节点构成的无向图网络,通过选择 UCINET 菜单栏中的"网络"→"区域"→"K-核"进行 k 核计算,计算结果如图 5-7 所示。

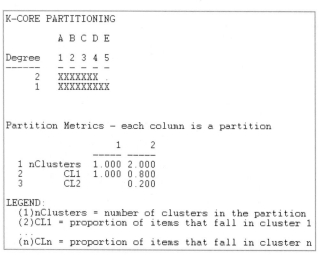

图 5-7 k 核计算结果

由图 5-7 可见,在该网络中,2 核分区包括节点 A、B、C、D,1 核分区则包括所有节点,即代表整个网络。另外,结果还呈现出两种 k 核分区的聚类。1 核分区仅有一个聚类 CL1,由 5 个节点构成。2 核分区可分为两个聚类,一个是由节点 A、B、C、D 构成的聚类 CL1,另一个是由单个 E 节点构成的聚类 CL2。

5.1.3　网络密度

网络密度（network density，简称密度）是测量一个群体的结构形态的重要指标之一，用来度量网络节点之间联系的紧密程度。密度较高的团体合作频次较多，信息沟通比较容易，而密度过低的团体不利于知识流动和信息传播。

密度是网络中实际存在的连接数与最多可能存在的连接数之比。无向图的密度计算公式为

$$\text{Density} = \frac{2l}{n(n-1)}$$

有向图的密度计算公式为

$$\text{Density} = \frac{l}{n(n-1)}$$

式中，n 表示网络中的节点数，l 表示实际的连接数，密度的取值范围为[0,1]。密度为 1 的图称为全联图，也称为完备图，表示任意两个节点之间都有连接。密度为 0 的图称为无联图，即图中的节点都是孤立节点。通常情况下，图中的实际连接数要小于理论上的最大连接数，即密度小于 1。

通过选择 UCINET 菜单栏中的"网络"→"凝聚力"→"密度"→"新（总密度）"，对图 5-2 所示的无向图网络进行密度计算，计算结果如图 5-8 所示。

```
                        Density
                   ---------------
        untitled          0.6000
```

图 5-8　密度计算结果

5.2　UCINET

5.2.1　UCINET 简介

UCINET（University of California at Irvine NETwork）是一种功能强大的社会网络分析软件。UCINET 自身不包含可视化模块，但是集成了 3 个应用软件程序，包括一维和二维数据分析的 NetDraw、三维展示分析软件 Mage 以及用于合作网、因特网、社交网等复杂网络分析的 Pajek，因此 UCINET 本质上是一种社会网络分析集成软件。UCINET 理论上最多能处理 32767 个网络节点，但在实际操作中如果节点数量大于 5000，软件运行速度会变缓慢，因此当网络中节点达到数万时，需要使用 Pajek 快速、有效地处理和分析。

UCINET 可用于进行中心度分析、凝聚子群分析、影响力分析以及常见的多维尺度分析、聚类等多元统计分析。此外，UCINET 还提供大量的数据管理和转换功能，如抽取子集、合并数据集、置换、排序、转置、线性转换、对称化处理、标准化处理等。目前，UCINET 可从 Analytic Technologies 网站免费下载。NetDraw 是用于简单绘制网络图的工具，它可以读取 UCINET 系统文件、UCINET 文本文件、Pajek 文本文件，具有很强的矩阵计算能力，并可以做中心度分析、子图分析、角色分析等。

5.2.2　数据输入/输出

UCINET 的数据输入支持 3 种形式——初始（RAW）数据、Excel 矩阵数据和数据语言（Data Language，DL）数据。RAW 数据仅包含以矩阵格式输入的数字，不包含数据的行数、列数、标签、标题等信息，使用文本编辑器输入并保存。使用 RAW 数据作为输入简单、方便，但是存在一定的缺陷：一是软件不会对缺失数据进行检查；二是数值没有标签，无法定位、识别不同的点。使用 DL 数据可以输入一系列数据与描述数据的关键词和语句，其中一定要用 DL 表明该文件是数据文件，使用文本编辑器输入并保存。

在本例中，选择前面用 BICOMB 导出的共现矩阵对应的 Excel 文件作为数据源，操作方法如下。

如图 5-9 所示，在 UCINET 中，选择菜单栏中的"数据"→"输入"→"Excel 矩阵"，出现图 5-10 所示的对话框。

图 5-9　选择"数据"→"输入"→"Excel 矩阵"

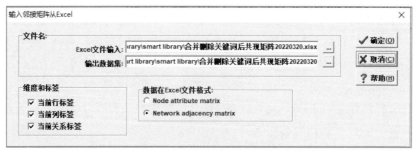

图 5-10　"输入邻接矩阵从 Excel" 对话框

选择需要输入的 Excel 文件路径，"输出数据集"保持默认设置，单击"确定"按钮，自动生成 UCINET 数据集，并生成两个文件，扩展名分别为".##d"和".##h"。前者是用于描述数据的元数据，后者是实际的数据集。注意，UCINET 处理的 Excel 数据最多只能包含 255 列。

输出日志如图 5-11 所示，输出日志自动保存在 UCINET 根目录下。

```
Output Log #4                                                    —  □  ×
文件(F)  编辑(E)

📄💾🔀📋📠   Log File Number 4

IMPORT FROM EXCEL
--------------------------------------------------------------------

Input Excel file          C:\Users\Administrator\Downloads\BICOMB2.01\BICOMB2.01\smart librar
Output UCINET dataset:     C:\Users\Administrator\Downloads\BICOMB2.01\BICOMB2.01\smart librar

Sheet1

                智?高?人?大?物?智?知?数?公?图?互?服?RFI 个?区? 5G 服?云?智?智?情?研?学?服?移?
                --- --- --- --- --- --- --- --- --- --- --- --- --- --- --- --- --- --- --- --- --- --- --- ---
      智慧服务  176 24   8   8   4  11   7   6   6   9   8   1   0   3   7   6   4   5   1
      高校图书馆  24  81   4   0   0   2   1   0   1   3   5   1   0   1   0   1   0   1   5
      人工智能    8   4  56   5   4   1   0   0   3   1   1   1   0   0   1   3   1   0   0
      大数据      8   0   5  49   6   2   2   1   1   2   0   0   0   1   0   2   4   1
      物联网      4   0   4   6  43   0   0   2   0   0   0   2  10   0   2   1   1  11   0
      智慧馆员   11   2   1   2   0  35   0   1   2   2   0   1   0   0   1   0   0   0   0
      知识服务    7   1   0   2   0   0  34   0   1   1   1   3   0   1   0   2   0   0   0
      数字图书馆   6   0   0   1   2   1   0  32   0   5   1   0   0   2   1   0   0   1   0
      公共图书馆   6   1   3   1   0   2   1   0  31   0   2   1   0   0   0   0   2   0   1
      图书馆服务   9   1   1   2   0   2   1   5   0  27   1   1   0   0   0   0   1   0   1
      互联网+      8   3   1   2   0   0   1   1   2   1  24   1   0   0   0   1   0   1   0
      服务创新     1   5   1   0   2   0   3   0   1   1   1  23   2   0   0   1   1   0   0
      RFID         0   1   0   0  10   1   0   0   0   0   0   2  21   0   0   0   0   1   0
```

图 5-11　输出日志

5.2.3　层次聚类

采用 UCINET 进行层次聚类的操作方法如下。

如图 5-12 所示，在 UCINET 中，选择菜单栏中的"工具"→"簇"→"分层"，弹出"詹森's 分层聚类"对话框。

图 5-12 "詹森's 分层聚类"对话框

在"詹森's 分层聚类"对话框中，单击"输入数据集"右击的 按钮，选择 5.2.2 节中输出的数据集，在"相似或不同"后面的下拉列表中选择 Similarities（相似），其他参数保持默认值，单击"确定"按钮，会生成层次聚类图谱（见图 5-13）。

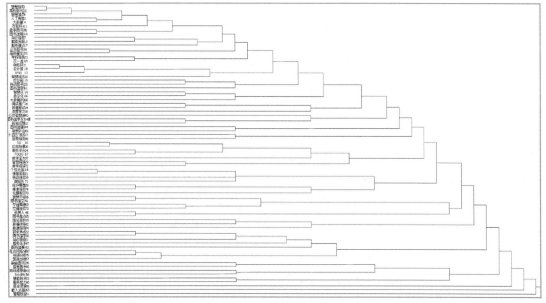

图 5-13 层次聚类图谱

表 5-1 显示了部分聚类及相关关键词。由此可见，UCINET 对关键词聚类的效果并不理想，聚类 1 包含众多关键词，难以解释反映的主题。

表 5-1　部分聚类及相关关键词

序号	聚类	关键词
1	主题混杂，难以解释	智慧服务、高校图书馆、智慧馆员、人工智能、大数据、互联网+、数字图书馆、图书馆服务、知识服务、服务创新、服务模式、公共图书馆、高质量发展、学科服务、双一流、物联网、云计算、RFID、智慧城市、区块链、移动图书馆、图书馆联盟、智慧化、数字化、大数据时代、阅读推广、数据驱动、深度学习、公共智慧服务、图书馆学五定律、转知成慧、图书馆建设、智慧社会、"十四五"规划、信息服务
2	5G、服务平台和智慧阅读	5G、应用场景、服务平台、FOLIO、数字孪生、智慧阅读、数字阅读

5.2.4　中心度计算

在 UCINET 中，选择菜单栏中的"网络"→"中心度"→"度"，计算各节点的度中心度，如图 5-14 所示。

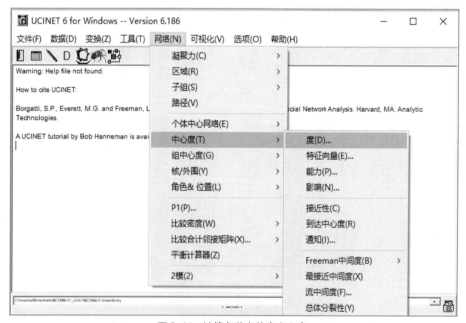

图 5-14　计算各节点的度中心度

在 UCINE 中，选择菜单栏中的"网络"→"中心度"→"Freeman 中间度"→"节点中心度"，计算各节点的中介中心度。

在 UCINE 中，选择菜单栏中的"网络"→"中心度"→"接近性"，计算各节点的接近中心度。

以度中心度计算为例，选择相应命令后，会弹出"度"对话框（见图 5-15），单击"输入数据集"右侧的□按钮，选择 UCINET 输入数据集，其余参数保持默认值，单击"确定"按钮，会出现度中心度计算结果（见图 5-16）。

图 5-15　"度"对话框

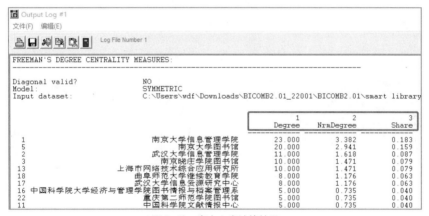

图 5-16　度中心度计算结果

5.2.5　共词网络可视化图谱

共词网络可视化图谱的绘制方法如下。

（1）在 UCINET 中，选择菜单栏中的"可视化"→NetDraw，打开 NetDraw 软件（英文版，其主界面见图 5-17）。

（2）在 NetDraw 中，选择菜单栏中的 File→Open→Ucinet dataset→Network，弹出 Open Data File 窗口（见图 5-18）。

（3）在 Name of file to open 选项组中，单击□按钮，选择要打开的文件。在 File format 选项组中，选择 Ucinet 单选按钮，单击 ✓ OK 按钮，会出现共词网络图谱（见图 5-19），该图谱的网络结构与用 VOSviewer 绘制的图谱的网络结构一致。

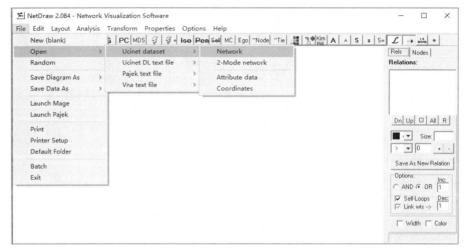

图 5-17　NetDraw 主界面

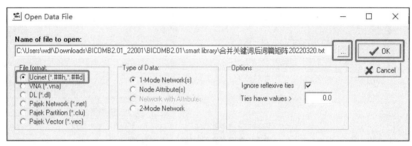

图 5-18　Open Data File 窗口

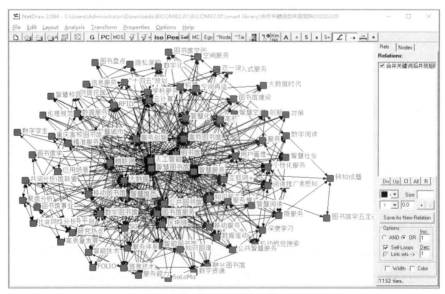

图 5-19　共词网络图谱

注意，在 VOSviewer 图谱中，节点大小默认采用出现或被引频次作为度量指标，而 UCINET 基于社会网络分析方法绘制图谱，默认情况下，节点大小和节点之间的连接强度都是统一大小的，可以通过设置进行有效区分。节点大小采用中心度作为度量指标，以度中心度为例，其设置方法如下。

在 NetDraw 中，选择菜单栏中的 Analysis→Centrality measures，在弹出的对话框中，从 Set Node Sizes by 下拉列表中选择 Degree，单击 ✓ OK 按钮，指定节点大小度量方式，（见图 5-20），图谱中的节点大小则会自动重新调整。

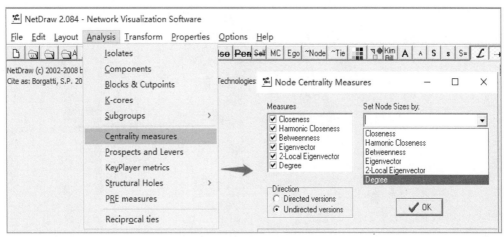

图 5-20　指定节点大小度量方式

如果需要修改节点大小的度量指标，可选择菜单栏中的 Properties→Nodes→Symbols→Size→Attributed-based。节点之间的连接强度可通过选择菜单栏中的 Properties→Lines→Size→Tie Strength 进行设置。此外，如果图谱中的节点过多，可以右击节点，在弹出的快捷菜单中选择 Delete，删除相应节点。

由图 5-19 可见，关键词数量较多造成图谱结构较杂乱，可读性差。为此，这里采用凝聚子群中的 k 核方法，可视化核心共词网络，操作方法如下。

（1）在 NetDraw 中，选择菜单栏中的 Analysis→K-cores，计算 k 核。

（2）为设置节点大小阈值，在右侧的参数设置面板中，从 Nodes 选项卡下方的下拉列表中选择 K-core，这里预先利用 UCINET 进行 k 核分析（图略），计算结果是存在 8 个分区（1 核～8 核），此处输入阈值 6（默认为 0），单击右侧的"！"按钮，生成的图谱如图 5-21 所示。

在图 5-21 所示的图谱中，度数为 8 的核（8 核）的关键词有 19 个，代表了核心关键词，它们分别是智慧服务、高校图书馆、人工智能、大数据、物联网、智慧馆员、知识服务、数字图书馆、公共图书馆、图书馆服务、互联网+、服务创新、区块链、5G、服务模式、智慧城市、移动图书馆、知识图谱、数据驱动；7 核的关键词有 14 个，代表次核心关键词，它们分别为RFID、个性化服务、云计算、智慧化、情景感知、学科服务、服务平台、阅读推广、用户画像、智慧阅读、智慧空间、移动服务、机器人、服务体系。

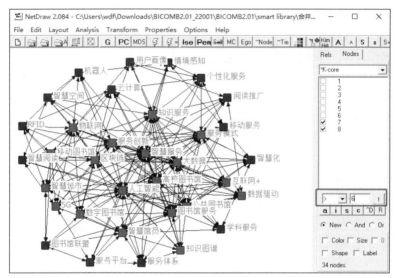

图 5-21　生成的图谱

　　由此可见，核心关键词与次核心关键词与用 BICOMB 统计的词频排序靠前的关键词十分相似。

5.2.6　国内合作网络可视化图谱

　　本节使用度中心度指标衡量作者或机构在网络中的重要性和活跃性。如果某节点的度中心度较高，则表示该作者或机构的合作范围更广泛，合作行为更活跃，它对于促进科研成果产出起着重要作用。

1. 作者合作网络

　　文献中的发文作者总计 1309 个，选择发文量大于或等于 5 的高产作者（共 32 个），使用UCINET 输入/输出数据，接着使用 NetDraw 绘制图谱。原始图谱中存在多个没有与任何节点相连的孤立节点，为了简化图谱，通过单击工具栏中的图标 **Iso** 将其删除。此外，节点连线强度默认是一致的，可通过在 NetDraw 中选择菜单栏中的 Properties→Lines→Size→Tie Strength设置节点连线强度。最终图谱如图 5-22 所示，图中存在 21 个节点。图中每个节点代表一个作者，节点之间的连线代表作者间存在合作关系，连线的粗细表示合作的密切程度。

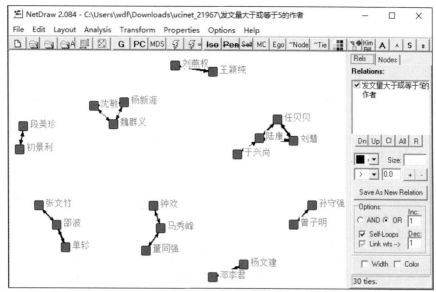

图 5-22 最终图谱

经 UCINET 计算，网络密度为 0.1835，这反映出在智慧图书馆研究领域中作者以独著发文为主，作者之间的合作较少，存在学术交流、信息流通不够顺畅的问题。通过 k 核分析，作者合作网络可分为 8 个 1 核分区，两个 2 核分区（图略），其中一个 2 核分区由陆康、任贝贝、刘慧构成，另一个 2 核分区由杨新涯、魏群义、沈敏构成，以上 6 人是研究领域中的核心作者。

各节点相应的标准化中心度如表 5-2 所示。

表 5-2 各节点相应的标准化中心度

序号	作者	发文量	标准化度中心度 /%	标准化中介中心度 /%	标准化接近中心度 /%
1	邵波	26	2.823	0.215	3.333
2	陆康	21	5.444	0.430	3.448
3	杨新涯	19	1.210	0.000	3.333
4	刘慧	18	5.242	0.000	3.444
5	王世伟	16	0.000	0.000	0.000
6	许正兴	12	0.000	0.000	0.000
7	曾子明	12	0.605	0.000	3.226
8	杨文建	10	1.613	0.000	3.226
9	任贝贝	10	4.032	0.000	3.444
10	单轸	9	1.815	0.000	3.330

续表

序号	作者	发文量	标准化度中心度/%	标准化中介中心度/%	标准化接近中心度/%
11	邓李君	9	1.613	0.000	3.226
12	马秀峰	9	1.613	0.215	3.333
13	周玲元	9	0.000	0.000	0.000
14	柯平	9	0.000	0.000	0.000
15	刘燕权	8	1.411	0.000	3.226
16	初景利	8	1.210	0.000	3.226
17	段美珍	8	1.210	0.000	3.226
18	陈臣	8	0.000	0.000	0.000
19	王颖纯	7	1.411	0.000	3.226
20	刘炜	7	1.411	0.000	0.000
21	施晓华	7	0.000	0.000	0.000
22	董同强	6	0.806	0.000	3.330
23	沈敏	5	1.210	0.000	3.333
24	张文竹	5	1.008	0.000	3.330
25	钟欢	5	0.806	0.000	3.330
26	魏群义	5	0.806	0.000	3.333
27	孙守强	5	0.605	0.000	3.226
28	于兴尚	5	0.202	0.000	3.441
29	刘春丽	5	0.000	0.000	0.000
30	秦殿启	5	0.000	0.000	0.000
31	袁红军	5	0.000	0.000	0.000
32	黄辉	5	0.000	0.000	0.000

从标准化度中心度的角度来看，陆康的标准化度中心度最高，表明其活跃度最高，合作范围较广。陆康与机构部门（南京晓庄学院图书馆）的同事刘慧分别合作过 16 次和 10 次，且与校外机构的任贝贝、于兴尚合作过 1 次。邵波与单轸、张文竹分别建立师生间和同事间的合作关系，分别有过 9 次和 5 次合作。杨新涯与重庆大学图书馆的同事沈敏、魏群义分别有过 4 次和 2 次合作。马秀峰与同机构（曲阜师范大学）的同事钟欢和校外机构（天津大学）的董同强均有过 4 次合作。

此外，标准化度中心度和发文量两者存在很大的相关性，这说明发表文献多的作者同他人的合作也较密切。王世伟、许正兴在图中属于孤立节点（已删除），未与他人合作过，说明两位学者自身的科研能力特别强。从中介中心度的角度来看，陆康、邵波、马秀峰处于核心地位，主导了多人间的隐性的知识流动和合作。从接近中心度的角度来看，这 3 个学者与多人更容易建立合作关系。

2. 机构合作网络

文献中的发文机构总计 720 个，选择发文量大于或等于 5 的机构，它们共 35 个。使用 UCINET 输入/输出数据，使用 NetDraw 绘制图谱，操作方法与前面类似，此处不再介绍。

机构合作网络如图 5-23 所示。

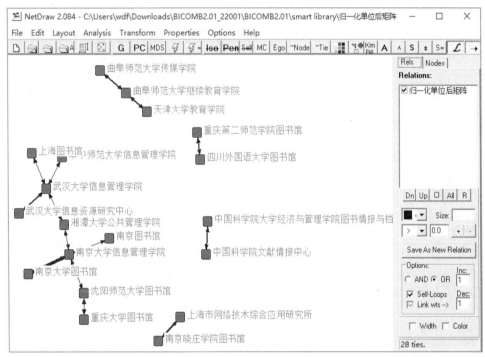

图 5-23　机构合作网络

图 5-23 中每个节点代表一个机构，节点之间的连线代表机构间存在合作关系，连线的粗细表示合作强度的大小。经计算，网络密度为 0.1059，这反映出智慧图书馆研究领域的机构之间的合作较少，存在学术交流、信息流通不够顺畅的问题。通过 k 核分析，仅发现 5 个 1 核分区，这反映出子网内部的机构合作也较少。

由图 5-23 可见，国内智慧图书馆研究领域的机构合作以小团体合作为主，多机构间的合作频次较少。两个节点连通的数量为 3，3 个节点连通的数量为 1，10 个节点连通的数量为 1。在由 10 个节点构成的最大子网络中，机构遍布武汉、上海、南京、重庆、沈阳等城市。

其中，南京大学信息管理学院、武汉大学信息管理学院在网络中处于核心位置，与其他机构的合作比较密切、发文量多，南京大学图书馆与南京大学信息管理学院合著论文较多（20篇），武汉大学信息管理学院与武汉大学信息资源研究中心合著论文较多（8篇）。

其次，湘潭大学公共管理学院、沈阳师范大学图书馆、曲阜师范大学继续教育学院均与两个其他机构有合作，合作范围较有限，但是存在隐性的知识流动机会，未来可以与其他机构建立合作关系。

各机构的发文量及中心度计算结果如表 5-3 所示。

表 5-3　机构发文量及中心度统计

机构名称	发文量	标准化度中心度/%	标准化中介中心度/%	标准化接近中心度/%
南京大学信息管理学院	44	3.382	4.456	3.812
武汉大学信息管理学院	40	1.618	3.743	3.803
南京晓庄学院图书馆	29	1.471	0.000	2.941
重庆大学图书馆	25	0.147	0.000	3.753
南京大学图书馆	24	2.941	0.000	3.778
上海社会科学院信息研究所	15	0.000	0.000	0.000
华中师范大学信息管理学院	13	0.147	0.000	3.769
湘潭大学公共管理学院	12	0.294	3.565	3.812
上海交通大学图书馆	11	0.000	0.000	0.000
南京交通职业技术学院图书馆	11	0.000	0.000	0.000
中国科学院文献情报中心	11	0.735	0.000	2.941
上海图书馆	11	0.147	0.000	3.769
上海市网络技术综合应用研究所	10	1.471	0.000	2.941
安徽大学管理学院	9	0.000	0.000	0.000
南开大学商学院信息资源管理系	9	0.000	0.000	0.000
中国科学院大学经济与管理学院图书情报与档案管理系	9	0.735	0.000	2.941
武汉大学信息资源研究中心	9	1.176	0.000	3.769
曲阜师范大学继续教育学院	8	1.176	0.178	3.030
四川外国语大学图书馆	8	0.735	0.000	2.941
国家图书馆	8	0.000	0.000	0.000
天津理工大学管理学院	8	0.000	0.000	0.000

机构名称	发文量	标准化度中心度 /%	标准化中介中心度 /%	标准化接近中心度 /%
重庆第二师范学院图书馆	7	0.735	0.000	2.941
曲阜师范大学传媒学院	7	0.588	0.000	3.028
南京图书馆	6	0.147	0.000	0.000
黑龙江大学信息资源管理研究中心	6	0.000	0.000	0.000
南昌航空大学经济管理学院	6	0.000	0.000	0.000
桂林理工大学图书馆	6	0.000	0.000	0.000
天津大学教育学院	6	0.588	0.000	3.028
吉林大学管理学院	6	0.000	0.000	0.000
中国医科大学图书馆	5	0.000	0.000	0.000
广东农工商职业技术学院图书馆	5	0.000	0.000	0.000
曲阜师范大学图书馆	5	0.000	0.000	0.000
长春师范大学政法学院	5	0.000	0.000	0.000
沈阳师范大学图书馆	5	0.294	1.426	3.786
中山大学资讯管理学院	5	0.000	0.000	0.000

南京大学信息管理学院的标准化度中心度（3.382%）、标准化中介中心度（4.456%）以及标准化接近中心度（3.812%）均最大，发文量排名第一（44篇）。其次是武汉大学信息管理学院，其标准化度中心度（1.618%）、标准化中介中心度（3.743%）以及标准化接近中心度（3.803%）相对于南京大学信息管理学院略小，发文量（40篇）也略少。标准化度中心度为 0 的机构有 16 个，在网络中属于孤立节点（被隐藏），如上海社会科学院信息研究所，该机构没有与其他机构合作发表文献。

标准化度中心度和发文量存在很大的相关性，这说明发表文献多的机构与其他机构的合作也较密切。从标准化中介中心度指标来看，南京大学信息管理学院和武汉大学信息管理学院主导着以各自为中心的各个机构间的合作。此外，湘潭大学公共管理学院的标准化中介中心度也较高，对通过南京大学信息管理学院和武汉大学信息管理学院两个中间机构而建立的机构合作联系也起着至关重要的作用。

5.2.7 保存图谱

如图 5-24 所示，在 NetDraw 中，选择菜单栏中的 File→Save Diagram As，将图谱另存为图片；选择菜单栏中的 File→Save Data As→Pajek→Net file，将图谱另存为"*.net"格式的 Pajek

网络文件，便于使用其他图谱工具打开。

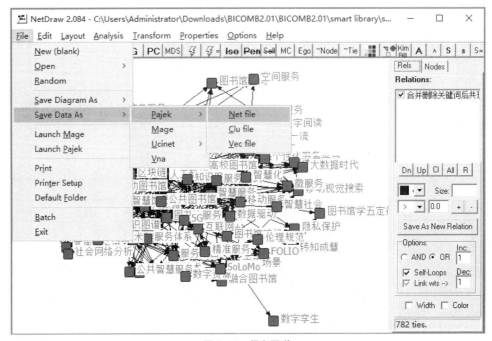

图 5-24　保存图谱

注意，导出的图谱保留了节点的连线属性，即 VOSviewer 中的 Links 和 Total link strength，而缺失频次属性。

此外，当通过 VOSviewer 打开图谱时，建议通过创建图谱的方式打开。如果通过打开图谱的方式打开，整个图谱的色彩是灰色，而且不进行聚类处理。

5.3　本章小结

本章首先介绍了社会网络分析法的相关理论，结合实例，重点对中心度、凝聚子群、网络密度 3 类指标进行说明；接着采用社会网络分析工具 UCINET 对智慧图书馆领域中的关键词共现网络、作者合作网络、机构合作网络进行可视化图谱绘制及结果解读。此外，本章使用 UCINET 对高频关键词进行层次聚类分析。结果表明，用 UCINET 产生的聚类结果较混杂，主题挖掘效果不如 SPSS、VOSviewer 的效果理想。

第 6 章　LDA 主题模型的应用

共词分析是文献计量学中的一种较成熟的研究方法，CiteSpace、VOSviewer、SPSS 等工具都基于该方法对共现关键词进行聚类，每个簇代表学科领域所涉及的研究主题。

在自然语言处理任务中，隐语义分析（Latent Semantic Analysis，LSA）模型、概率隐语义分析（Probabilistic Latent Semantic Analysis，PLSA）模型以及隐狄利克雷分配（Latent Dirichlet Allocation，LDA）模型都通过文本的上下文语义，自动发现文本中隐含的主题（或称作话题）。

其中，LDA 主题模型的应用最广泛。本章介绍如何使用 LDA 主题模型探测文献的研究主题分布和主题演化历程。

6.1　NLP 理论方法

近年来，大数据与人工智能已成为建设智慧城市、智慧校园、智慧图书馆的重要技术。自然语言处理（Natural Language Processing，NLP）的用途是使计算机学习、理解人类的自然语言，实现机器智能化。

作为一门交叉学科，NLP 属于人工智能的一个分支，涉及计算机科学、语言学、数学等领域的专业知识，在搜索引擎、推荐系统、人机对话、机器翻译、情感分析等与语言相关的应用领域发挥着巨大作用。

6.1.1　语料库

与机器学习类似，NLP 需要以大量的文本数据作为样本集，即语料库，语料库的质量决定着运算效果。互联网上有众多免费公开的语料库，可供用户使用。如人民日报标注语料库在学界极具代表性和影响力，收集了 1998 年上半年出版的人民日报的文本报道，可用于对中文文章进行分词及词性标注。

国家语委现代汉语语料库是国家语言文字工作委员会建设的一个大规模的平衡语料库，收集了 1997 年前后的语料，全库约有 1 亿字符，经过分词和词性标注，可以进行按词检索和分词类检索。

NLP 领域常用的 IMDb（Internet Movie DataBase，互联网电影数据库）包含评论的正面和负面特征标注，用于文本分类处理。在科学知识图谱领域中，通常学者选用的数据源于各种中文、外文数据库的半结构化的题录文本数据，通过人工或爬虫的方式进行采集，并筛选题录中的摘要信息作为语料库，通过分词、去除停用词、模型训练等流程，挖掘学科领域中蕴含的主题信息。

人民日报标注语料库的词性标注遵循《现代汉语语料库加工规范——词语切分与词性标注》，共计 40 种词性。其中一句文本如下。

19980101-01-001-001/m 迈向/v 充满/v 希望/n 的/u 新/a 世纪/n——/w 一九九八年/t 新年/t 讲话/n（/w 附/v 图片/n 1/m 张/q）/w

语料文本中词性标注的格式为"词语/词性"，词与词之间用空格隔开。开头的"19980101-01-001-001"表示 1998 年 1 月 1 日第 01 版第 001 篇文章的第 001 自然段，词性为 m，m 表示数词。后续文本的词性标注中的 v 表示动词，n 表示名词，u 表示助词，a 表示形容词，w 表示标点符号，t 表示时间，q 表示量词。

6.1.2　分词

文本数据在计算机中存储为字符串（string），是由一系列词条（含标点符号）构成的有序不定长列表，如文献的正文部分要比标题和摘要内容长得多。

文本数据处理的第一步是对文本进行分词，将文本切分为多个词条，为特征提取、文本向量化、模型训练等后续任务做前期准备。

分词是指将一段文本拆分为一系列单词的过程。在英文文本中，单词之间以空格作为分界线，分词较容易。而在中文文本中，除标点符号之外，词与词之间是连贯的，没有明显的边界，因此处理比较困难。关于中文分词，互联网上有许多公开的中文分词的词典和分词工具，如盘古、jieba（结巴）、THULAC、HanLP 等。其中，结巴分词使用较广泛，在浏览器中访问官网可查看相关说明。

6.1.3 特征工程

在机器学习的分类和回归任务中，数据集包含样本的特征和目标值（标签或数值）信息，特征作为不同模型的输入信息，经过模型训练、参数优化后输出结果，最后通过精准率、召回率、F1 值、MAE（Mean Absolute Error，平均绝对误差）、MSE（Mean Square Error，均方误差）等指标对模型的预测值和目标值的误差进行评估。从原始数据中提取、构建机器学习模型特征的过程称作特征工程。在自然语言处理任务中，计算机无法直接理解人类的语言，需要运用特征工程方法对文本进行特征提取，对提取出的特征词进行向量化，将非结构化的文本转化为可量化、可运算的数值形式。

在 NLP 领域，同样需要运用特征工程方法构建特征。文本向量化是指将文本（词、句子、段落、文章）表示成可量化、可运算的数值形式。通常先对较长的文本中细粒度的文本词条进行特征提取，多个词条的特征组合构成文本的特征向量。在特征提取中，文本被切分为词条序列，每个词条可以在字典中找到对应的数值。字典是由键值对构成的二元组数据结构，格式类似于("图书馆",666)，通过查找字典中的键值对，就可以获取词条"图书馆"的特征数值 666。

6.1.4 文本表示方法

1. 独热编码

独热（one-hot）编码表示对词条的索引编码，以索引的编码作为词条的向量。索引编码用二进制数 0 和 1 表示，假定字典的大小为 V，字典中的第 n 个词条映射到 V 维独热向量，以文本"云龙山是徐州市名胜，苏轼写过赞美云龙山的诗词"为例，该文本对应的分词、索引和独热编码如表 6-1 所示。

表 6-1 文本对应的分词、索引和独热编码

分词	云龙山	徐州市	名胜	苏轼	写过	赞美	诗词
索引	0	3	2	4	1	6	5
独热编码	1000000	0001000	0010000	00001000	0100000	0000001	0000010

由此可见，独热编码是一种非常稀疏的表达方式，独热编码中只有 1 位为 1。假定一个语料库有 1000 个词条，那么一篇文本的维度为 $1000 \times 1000 = 10^6$。如果语料库中的文本篇数较多，则会带来维度灾难问题，导致文本聚类、分类等计算任务开销较大。

2. 词袋模型

词袋模型（Bags of Words，BoW）将文本看成一个装满词的袋子，词与词之间相互独立，

不考虑词的顺序和语义关系。

词袋模型的特征词统计指标有如下 3 种。

- 布尔值：根据词条是否在文本中出现，将词条所在位置标记为 0 或 1，0 表示未出现该词条，1 表示文本中出现该词条。

- 词频：基于统计方法计算文本中的词条计数。

- 词频-逆文档频率（Term Frequency-Inverse Document Frequency，TF-IDF）：信息检索中的一种统计方法，用于评估某个词条对语料库中一份文档的重要程度。

其中 TF 指某个词条在文档中出现的次数，描述的是一个词条的局部信息。IDF 是衡量词条重要性的指标，核心思想是，如果某个词条在很少的文档中出现过，则表明它越重要，越具有区分文档类别的能力。

TF-IDF 的计算方式如下。

$$\mathrm{tf}_{i,j} = \frac{n_{i,j}}{\sum_k n_{k,j}}$$

式中，$n_{i,j}$ 表示词条 t_i 在文档 d_j 中出现的次数，$\sum_k n_{k,j}$ 表示文档 d_j 中所有词条数量之和。

$$\mathrm{idf}_i = \log \frac{|D|}{|D_i| + 1}$$

式中，$|D|$ 表示文档集中总文档数，$|D_i|$ 表示文档集中出现词条 t_i 的文档数，为避免分母为 0，做加 1 处理。最终计算出 TF-IDF，公式如下。

$$\mathrm{TF\text{-}IDF} = \mathrm{tf}_{i,j}\mathrm{idf}_i$$

词袋模型是向量空间模型（Vector Space Model，VSM）在文本数据处理上的应用，VSM 将一个文本看作在高维空间存在的一个点，即向量。每个点的维度对应文本的一个特征词，每一个维度的取值反映了特征词的权重，权重大小表明该特征词的重要程度。定义文档 d 的向量，记作 V(d)，其表示方法如下。

$$V(d) = (<t_1,w_1(d)>, <t_2,w_2(d)>, <t_3,w_3(d)>, \ldots <t_n,w_n(d)>)$$

其中，t_i 表示特征词，$w_i(d)$ 表示特征词 t_i 的权重。

3. 词嵌入模型

在对大规模语料库进行文本相似度计算、文本分类等应用处理时，词袋模型和向量空间模型会造成维度灾难问题，而且两者都缺乏语义理解。随后引入了基于上下文语义的词嵌入（word embedding）模型，2013 年谷歌公司 Tomas Mikolov 团队发布 Word2Vec 开源软件包，Word2Vec 基于认知语言学中的"距离相似性"原理，认为相似语境的词语语义相近，通过三层（输入层、隐藏层、传输层）神经网络语言模型的训练，将多维词向量映射到稠密的低维向量，从而实现词向量的分布式表示（distributed representation），将所有词向量求和或求和再平均，则可得到文本向量。

Word2Vec 分为 CBOW 和 Skip-gram 两种模型。CBOW 通过滑动窗口在文档中逐步滑动，在输出层利用 Softmax 多分类函数，从词的上下文（即周围单词）预测中间焦点词出现的概率。Skip-gram 刚好相反，依据词来预测上下文出现的概率。Word2Vec 模型在训练阶段利用反向传播进行训练，利用梯度下降法求解损失最小化问题；训练结束后，输入层和隐藏层的连接权重即分布语义环境下的词向量，再通过取平均值创建文本向量。Word2Vec 模型更适合用于对词序不敏感的场景。

2014 年托马斯·米科洛夫（Tomas Mikolov）在 Word2Vec 的基础上提出改进模型 Doc2Vec，也称为段落向量（paragraph vector），增加了词序语义的分析，用于创建文档向量，文档可以是句子、段落或文章。Doc2Vec 模型分为段落向量的分布式内存（PV-DM）模型和段落向量的分布式词袋（PV-DBOW）模型两种，模型架构与 Word2Vec 的相似。Doc2Vec 模型能够同时训练学习到的词向量及文档向量，适合用于文本的向量化。

6.1.5　LDA 主题模型

LDA 主题模型是通过语义分析技术，对上下文进行理解后，挖掘出隐含的抽象主题。LDA 主题模型采用无监督机器学习方式，是由文档、主题、词组成的三层贝叶斯生成模型。图 6-1 展示了 LDA 主题模型的结构。

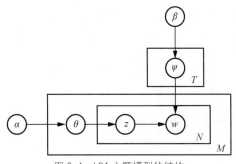

图 6-1　LDA 主题模型的结构

其中，α 和 β 是两个超参数；θ 表示文档和主题之间的多项分布；ψ 表示主题和词之间的多项分布；M 表示文本数；N 表示单词数；T 表示主题数。存在分布关系 $\theta\sim\text{Dirichlet}(\alpha)$、$z\sim\text{Multinomial}(\theta)$、$\psi\sim\text{Dirichlet}(\beta)$、$w\sim\text{Multinomial}(\psi)$。

语料库中每篇文档 d 的生成过程如下。

（1）从超参数 α 采样生成"文档-主题"的概率分布 θ，对于文档 d，每个单词从 θ 参数的 Multinomial 分布中采样生成主题 z。

（2）从超参数 β 采样生成"主题-词"的概率分布 ψ，从 ψ 参数的 Multinomial 分布中采样生成词 w。

（3）上述步骤重复 N 次，产生文档 d。

LDA 主题模型的作者戴维·布莱（David Blei）采用困惑度（perplexity）评估 LDA 模型的好坏，确定最优主题数。困惑度小，说明模型具有更好的泛化能力。困惑度（perplexity，用 p 表示）的计算公式如下。

$$p = \exp\left\{ -\frac{\sum_{d=1}^{M} \log p(w_d)}{\sum_{d=1}^{M} N_d} \right\}$$

其中，M 为文档的数量，w_d 表示文档 d 中的单词，N_d 表示文档 d 中的单词数量，$p(w_d)$ 表示文档中单词 w_d 产生的概率。

热点主题是指在特定时间内具有较高关注度的主题。根据已有的热点主题识别方法，以主题热度为判别指标，通过定量分析识别出热点主题。主题热度的计算公式为

$$\text{hot}(n,t) = \frac{S(n,t)}{S(t)}$$

式中，$\text{hot}(n,t)$ 表示在时间窗口 t 下主题 n 的热度，$S(n,t)$ 表示时间窗口 t 下主题 n 支持（涉及）的文档数（即文献篇数），$S(t)$ 表示时间窗口 t 下总的文档数。

如果某个主题的主题热度越大，则表明该主题所受的关注程度越高。热点主题的界定方式为取所有主题热度的平均值作为阈值，大于阈值的主题为热点主题。

6.2 开源 NLP 工具包

目前有很多流行的开源 NLP 工具包，包括国外的 scikit-learn、Gensim、NLTK、CoreNLP，

以及国内的 LTP 和 HanLP。除 CoreNLP 外，其余工具支持通过 Python 语言调用接口进行开发。其中，scikit-learn 是机器学习中常用的第三方集成工具包，具有分类、回归、聚类等功能模块，在机器学习领域中颇受欢迎，在 NLP 领域也被关注。Gensim 在 Word2Vec、Doc2Vec 模型应用中提供了简单、精准、快速的人工智能方法。

6.3 Python 集成开发环境

在科学领域，Python 已经成为一门通用的编程语言，当前受欢迎的 Python 集成开发环境（Integrated Development Environment，IDE）主要是 PyCharm 和 Jupyter Notebook。

推荐使用 Jupyter Notebook 作为开发工具。Jupyter Notebook 是一款开源的 Web 应用，支持 Python、R、Julia 等编程语言。用户可以使用它编写代码、公式、解释性文本，以及进行绘图等操作，并且可以将创建好的文档进行分享。Python 已广泛应用于统计建模和机器学习等领域。

Anaconda 是用于科学计算的 Python 发行版，它包含 conda、Python 及众多流行的软件包，如 NumPy、SciPy、pandas 等。

Anaconda 的强大之处是利用 conda 这个开源的包、环境管理器，安装不同版本的软件包。Anaconda 可以通过 Anaconda 桌面软件安装，也可以通过在 Anaconda Prompt 命令提示符后输入 pip install ×××命令安装，这条命令类似于 CentOS 中的 yum 命令。Anaconda 软件包的默认下载地址是 Anaconda 官网，也可以从第三方仓库（如清华大学的开源软件镜像站）下载。

Anaconda 的主界面如图 6-2 所示。

Anaconda 已默认安装了 Jupyter Notebook，在主界面中单击 Jupyter Notebook 图标下方的 Launch 按钮，会启动 Jupyter Notebook，其主界面如图 6-3 所示。

默认以计算机的用户主目录作为软件根目录。

从 Jupyter Notebook 的主界面右侧的 New 下拉列表中选择 Python 3，会自动打开新建的文档，并出现空白单元格，用于编辑代码。在 Jupyter Notebook 中，单击"运行"按钮，运行代码，在单元格下方显示程序运行结果，并且在下方新建一个单元格，如图 6-4 所示。

代码编辑结束后，选择 File→Save as 即可保存。需要注意的是，Jupyter Notebook 保存的是.ipynb 文件，而不是传统的.py 文件，可以通过从代码文档的菜单栏中选择 File→Download as 将代码保存为.pdf 文件、.py 文件、.html 文件等。

图 6-2　Anaconda 的主界面

图 6-3　Jupyter Notebook 的主界面

图 6-4　运行代码

6.4　分词处理

6.4.1　分词工具

结巴分词主要支持以下 3 种分词模式。

- 精确模式。默认模式下使用该模式,在该模式下试图将语句最精确地切开,使语句不存在冗余数据,该模式适合用于文本分析。

- 全模式。在该模式下,将句子中所有的词语快速扫描出来,但是存在冗余数据,存在歧义问题。

- 搜索引擎模式。在该模式下,在精确模式的基础上,对长词进行再次切分,该模式适合用于搜索引擎分词。

在结巴分词 0.40 以上版本中,增加了 Paddle 模式,该模式利用百度飞桨深度学习框架训练网络模型实现分词,同时支持词性标注。

以文本"云龙山是徐州市名胜,苏轼写过赞美云龙山的诗词"为例,首先我们需要安装结巴分词包,在命令提示符窗口下运行命令"pip install jieba",稍等片刻,即可完成安装。接下来,使用 Python 语言调用结巴分词包进行分词。

```
import jieba
sentence = '云龙山是徐州市名胜,苏轼写过赞美云龙山的诗词'
cn1 = [' '.join(jieba.cut(sentence,cut_all=False))] #精确模式
cn2 = [' '.join(jieba.cut(sentence,cut_all=True))] #全模式
cn3 = [' '.join(jieba.cut_for_search(sentence))] #搜索引擎模式
print(cn1)
print(cn2)
print(cn3)
```

运行结果如下。

```
['云龙山 是 徐州市 名胜 , 苏轼 写过 赞美 云龙山 的 诗词']
['云龙 云龙山 龙山 是 徐州 徐州市 州市 市名 名胜 , 苏轼 写 过 赞美 云龙 云龙山 龙山 的 诗词']
['云龙 龙山 云龙山 是 徐州 州市 徐州市 名胜 , 苏轼 写过 赞美 云龙 龙山 云龙山 的 诗词']
```

以上是 3 种模式的分词结果。通过对比,可以得到以下结论:精确模式更适合做文本分析。原因是在该模式下不存在冗余分词,对于大规模语料库而言,精简的分词会降低文本计算过程中的时间复杂度,从而提升程序的性能。

6.4.2　自定义词典

自定义词典包括停用词词典和术语词典。"云龙山是徐州市名胜，苏轼写过赞美云龙山的诗词"中含有诸如"是""的"以及标点符号等无意义的字词，这些字词称作停用词（stop word），应排除在统计范围之外。

互联网公开的停用词词典主要有 3 种——哈尔滨工业大学的停用词词典、百度的停用词词典和四川大学的停用词词典。

停用词词典是包含多行停用词的文本文件，可通过在 GitHub 网站搜索"/lslstudy/stopwords"下载。NLP 工具中都内置了英文停用词词典，比如 scikit-learn 内置了常用的 318 个停用词。我们采用哈尔滨工业大学的停用词词典。

注意，文献摘要文本中包含两类词，一是学术论文特有的目的、意义、方法、过程、结果、结论等；二是本位词汇，如智慧图书馆、图书馆、智能图书馆、智慧、智能等。这两类词为自定义停用词，需要将它们加入停用词词典文件（stopwords.txt）。

此外，众多分词工具对于专业性术语词汇不能精准识别，同样需要将这些术语词汇加入自定义词典文件（userdict.txt）并进行导入（import）。

术语分为两种——通用术语和学科领域术语。一般性的术语包括 5G、大数据、物联网、人工智能、机器学习、用户画像等，图书馆学领域的术语包括知识服务、空间再造、转知成慧、阅读推广、文献计量等。

6.5　词袋模型示例

6.5.1　词频统计

首先，我们需要安装 scikit-learn 工具包，在命令提示符窗口下运行命令"pip install scikit-learn"，稍等片刻，即可完成安装。

然后，使用 scikit-learn 中的 CountVectorizer 类构建词袋模型，对经过分词处理后的文本进行特征提取，将上文中的示例文本转化成一个 1×7 的稀疏矩阵（sparse matrix），矩阵元素表示每个分词的词频。代码如下所示。

```
from sklearn.feature_extraction.text import CountVectorizer#导入 CountVectorizer 类
count_vec = CountVectorizer()
sentence = '云龙山是徐州市名胜，苏轼写过赞美云龙山的诗词'
```

```
cn = [' '.join(jieba.cut(sentence))]      #结巴分词，分词间插入空格

bag_of_words = count_vec.fit_transform(cn)      #提取文本特征（文本向量化）
print('分词：{}'.format(count_vec.get_feature_names()))
print('字典：{}'.format(count_vec.vocabulary_))
print('特征向量：{}'.format(bag_of_words.toarray()))#转化为向量
```

运行结果如下。

```
分词：['云龙山', '写过', '名胜', '徐州市', '苏轼', '诗词', '赞美']
字典：{'云龙山': 0, '徐州市': 3, '名胜': 2, '苏轼': 4, '写过': 1, '赞美': 6, '诗词': 5}
特征向量：[[2 1 1 1 1 1 1]]
```

文本 sentence 被切分为 7 个词条，字典为{'云龙山': 0, '徐州市': 3, '名胜': 2, '苏轼': 4, '写过': 1, '赞美': 6, '诗词': 5}，这个字典实际上就是词袋，"云龙山"在词袋中的索引为 0（起始索引为 0），"写过"的索引为 1，以此类推，最大索引 6 代表词条"赞美"。该文本的特征表示为[2 1 1 1 1 1 1]，除"云龙山"词条出现两次之外，其余词条只出现一次，因此索引 0 对应的数值为 2，其余索引对应的数值为 1。

6.5.2 TF-IDF 统计

为了便于演示，在上文的示例文本的基础上，增加新的文本"云龙山位于徐州市城南"。使用 scikit-learn 中的 TfidfVectorizer 类对两个文本分词处理后的文本进行特征提取，实现文本向量化表示，矩阵元素表示每个分词的 TF-IDF。实现 TF-IDF 统计的代码如下。

```
from sklearn.feature_extraction.text import TfidfVectorizer
count_vec = TfidfVectorizer()
sentence1 = "云龙山是徐州市名胜，苏轼写过赞美云龙山的诗词"
sentence2 = "云龙山位于徐州市城南"
cn = [" ".join(jieba.cut(sentence1))]      #结巴分词
cn.append(" ".join(jieba.cut(sentence2)))
bag_of_words = count_vec.fit_transform(cn)      #提取文本特征（文本向量化）
print('分词：{}'.format(count_vec.get_feature_names()))
print('词典：{}'.format(count_vec.vocabulary_))
print('特征向量：{}'.format(bag_of_words.toarray()))#转化为向量
```

运行结果如下。

```
分词：['云龙山', '位于', '写过', '名胜', '城南', '徐州市', '苏轼', '诗词', '赞美']
字典：{'云龙山': 0, '徐州市': 5, '名胜': 3, '苏轼': 6, '写过': 2, '赞美': 8, '诗词': 7, '位于': 1, '城南': 4}
```

特征向量：[[0.51853403 0. 0.36439074 0.36439074 0. 　　　0.25926702 0.36439074 0.36439074
0.36439074][0.40993715 0.57615236 0. 0. 0.57615236 0.40993715 0. 0. 0.]]

从运行结果看，增加了文本"云龙山位于徐州市城南"之后，字典追加了 "位于"和"城南"两个词条，原先词条的索引几乎全部改变，两个文本的特征向量的数值由整数类型变成浮点数类型。

6.6　主题分析应用

6.6.1　数据准备

对于自然语言处理任务，需要准备由文本数据构建的语料库，本节使用题录中的摘要信息作为语料库，将 CNKI 题录数据导出成 Excel 文件。Excel 表格数据如图 6-5 所示。

	B	C	D	E	F	G	H	I
1	Title-题名	Author-作者	Organ-单位	Source-文献来源	Keyword-关键词	Summary-摘要	PubTime-发表时间	Year-年
2	智慧图书馆十问	刘炜;	上海图书馆(上海科学技术情报研究所);	图书馆理论与实践	智慧图书馆;图书馆事业;下一代图书馆服务平台;人工智能 新技术应用;	智慧图书馆由"将来时"发展到"现在时"阶段，存在着诸多疑问与不解之处。通过研究探索和实践拓展，将问题汇总，予以解读，对于当下智慧图书馆发展现状的把握和趋势的认识，可资助益	2022-02-15	2022
3	我国高校智慧图书馆建设进展及策略研究	孙鹏,车宝晶;	沈阳建筑大学图书馆;沈阳师范大学图书馆;	图书馆工作与研究	智慧图书馆;高校;智慧服务;缘起;现状;困惑;策略	智慧图书馆是信息技术和读者需求双重驱动下的图书馆形态，是对空间、资源、服务等的重新架构与模式重组。文章结合我国高校智慧图书馆建设的理论研究和实践探索，从缘起、现状、困惑等层面分析我国高校智慧图书馆建设的进展，并从固化智慧服务愿景与规划、推进创新型空间建设、发挥集群化资源保障优势、依托智能化技术与手段等方面提出我国高校智慧图书馆建设策略	2022-02-15	2022
4	智慧图书馆要素研究及建设思考	江山;	天津图书馆(天津市少年儿童图书馆);	图书馆工作与研究	智慧图书馆;智慧场景;智慧规范;智慧平台;智慧服务	基于技术、服务、人文和系统的视角，智慧图书馆的定义不尽一致，但智慧场景、智慧规范、智慧平台和智慧服务被认为是构建智慧图书馆的关键要素。我国智慧图书馆建设目前处于由前智慧图书馆发展阶段向智慧图书馆发展初级阶段的过渡期，虽然要素建设已取得一定成绩，但仍需进一步提升智慧服务能力、保障数据安全、构建合作建设生态、促进智慧社会的包容发展，深入推动智慧图书馆建设	2022-02-15	2022

图 6-5　Excel 表格数据

通过 Excel 复制"Summary-摘要"列的内容，再打开记事本、NotePad 等文本工具，对内容进行粘贴、保存即可。

6.6.2　LDA 主题模型的相关参数

当使用 scikit-learn 软件包调用 LDA 主题模型时，相关的参数如表 6-2 所示。

表 6-2　LDA 主题模型的相关参数

参数	说明
n_components	主题个数 K，K 取值大小要适中，具体取决于主题分析的粒度，K 值较小则分析粒度粗，较大则分析粒度细
doc_topic_prior	文档-主题先验狄利克雷分布 θ 的参数 α
topic_word_prior	主题-词先验狄利克雷分布 ψ 的参数 β
learning_method	LDA 的求解方法，包括 batch 和 online，当语料库不大的时候，建议采用 batch，否则采用 online
max_iter	EM 算法的最大迭代次数
random_state	随机种子

6.6.3　程序代码

scikit-learn 和 Gensim 两个软件包均支持 LDA 主题模型的调用分析。此处，使用 scikit-learn 包训练 LDA 模型，超参数 α 设为 0.1，β 设为 0.01，迭代次数设为 100，综合不同主题数相应的困惑度指标值和可视化中节点重叠情况，最佳主题数设为 10。

此外，pyLDAvis 第三方软件包可用于从 LDA 主题模型中提取信息，并通过 Web 方式进行可视化交互，便于用户对文本语料库的主题进行解释。关于 pyLDAvis 的安装方法与说明，读者可通过其官网查阅。

程序代码如下。

```
import jieba
jieba.load_userdict('userdict.txt')   #加载自定义词典
def stopwordslist():      #读取停用词函数
    stopwords = [line.strip() for line in open('stopwords.txt', 'r',
    encoding='utf-8').readlines()]
    return stopwords
def segmentor(sentence):
    sentence_depart = jieba.cut(sentence.strip(),cut_all=False) #精确模式
    stopwords = stopwordslist()
    outstr = ''
    for word in sentence_depart: #将分词结果中的非停用词连接成字符串 outstr
        if word not in stopwords:
            if word != '\t':
                outstr += word + ' '
    return outstr
from sklearn.feature_extraction.text import CountVectorizer
from sklearn.decomposition import LatentDirichletAllocation
```

```
f1 = open('cnki_library.txt','r',encoding='utf-8')
lines=f1.readlines()
f2 = open('cut_cnki_library.txt','w',encoding='utf-8')
for line in lines:
    line_seg = segmentor(line)
    f2.write(line_seg + '\n')
f2.flush()
def print_topics(model,feature_names,n_top_words):
    for topic_idx,topic in enumerate(model.components_):
        message = 'topic #%d:' %topic_idx
        message += ' '.join([feature_names[i] for i in topic.argsort()[:-n_top_words-1:-1]])
        print (message)
    print()
f = open('cut_cnki_library.txt','r',encoding='utf-8')
n_top_words = 20
tf = CountVectorizer(max_features=1000,min_df = 4,max_df=0.5)
x_train = tf.fit_transform(f)
lda =
LatentDirichletAllocation(doc_topic_prior=0.1,topic_word_prior=0.01,n_components=10,
max_iter=100,learning_method='batch', random_state=0)
lda.fit(x_train)
print_topics(lda, tf.get_feature_names(), n_top_words)
```

6.6.4　主题输出与可视化

表 6-3 所示是各个主题对应的词分布和文献数统计结果，词分布显示前 20 个高概率词语，文献数的计算方法先是根据文档（文献）-主题的概率分布确定文档所属主题，进而筛选相同主题并求和，占比代表主题强度。

表 6-3　各个主题对应的词分布和文献数统计结果

序号	主题名	词分布	文献数	占比/%
主题 1	大数据驱动服务，即个性化服务	用户 数据 模型 技术 环境 框架 设计 系统 感知 大数据 智慧服务 信息 资源 情境 特征 维度 情境 感知 行为 融合 影响	121	13.05%
主题 2	智慧图书馆内涵（馆员、技术、服务）	技术 模式 概念 智慧馆员 建设 智慧服务 内涵 要素 互联网 结合 特征 系统 阐述 理念 论述 智能化 图书馆智慧服务 个性化服务 时代 工作	103	11.11%
主题 3	智能技术	技术 物联网 融合 建设 高校图书馆 智能化 微服务 模式 结合 管理 5G 技术 云计算 5G 工作 未来 平台 领域 RFID 技术 建立 模块	96	10.36%

续表

序号	主题名	词分布	文献数	占比/%
主题4	智慧图书馆建设现状与未来规划	建设 智慧图书馆建设 国内 我国 技术 文献 现状 未来 标准 参考 图书馆空间 系统 总结 智慧空间 机器人 理论研究 案例 调研 概念 建议	94	10.14%
主题5	公共图书馆发展	公共图书馆 环境 文化 建设 社会 创新 "十四五"规划 转型 智慧城市 理念 促进 需要 空间 时期 成为 技术 城市 打造 方向	91	9.82%
主题6	服务模式转型	人工智能 技术 数字图书馆 互联网 文献 中国 管理 传统 转型 模式 智慧服务 国内外 图书馆服务 服务 内容 服务平台 融合 馆藏 智慧化 资源 重要	72	7.78%
主题7	学科服务	高校图书馆 建设 技术 空间 智慧服务 提升 高校智慧图书馆 馆员 资源 图书馆智慧服务 创新 学科服务 功能 推动 重要 优化 机制 体系 数字孪生 双一流	123	13.27%
主题8	数据管理和保护	资源 数据 价值 信息 重要 管理 区块链技术 技术 读者 阅读 组织 有效 机制 数字资源 保护 提升 功能 融合 系统 提高	85	9.17%
主题9	热点分析	领域 文献 学科 主题 图书馆学 阅读推广 研究热点 我国 发现 社会 内容 未来 区块链 大数据 数据 研究主题 热点 数据库 中国 情报	54	5.83%
主题10	知识服务	读者 知识 知识服务 需求 用户 信息 图书 用户画像 个性化 提高 满足 平台 推荐 图书馆知识服务 情景 大数据 学习 创新 使用 图书情报领域	88	9.49%

图 6-6 展示了 pyLDAvis 主题的可视化结果，圆圈的大小代表每个主题的文献数量，单击圆圈，在右侧能看到与该主题相关的词语。

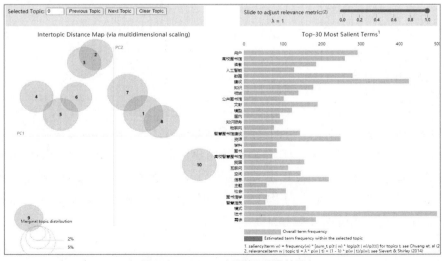

图 6-6 pyLDAvis 主题的可视化结果

由表 6-3 可见，主题与 VOSviewer 和 SPSS 的聚类结果大部分相似，包括 7 个主题——主题 1（个性化服务）、主题 2（智慧图书馆内涵）、主题 5（公共图书馆发展）、主题 6（服务模式转型）、主题 7（学科服务）、主题 9（热点分析）和主题 10（知识服务）。另外，主题 3 涉及智能技术，对物联网、RFID、5G、服务平台等技术整合；主题 8 涉及数据管理和保护，涵盖数据、数字资源等多元化类型数据；主题 4 涉及智慧图书馆未来发展趋势与图书馆建设战略规划。

综上所述，LDA 主题模型的主题挖掘效果比较理想。原因是聚类方法仅从词频统计方法寻找相似度高的词群，表达的语义关系和逻辑较模糊，而 LDA 主题模型通过多次采样的概率统计方法能够更精确地表达词语间语义关系，这有助于用户对主题语义的理解。

6.6.5　热点主题解读

由表 6-3 可见，主题 1（个性化服务）的文献占比为 13.05%，主题 7（学科服务）的文献占比为 13.27%，表明这两个主题是学界最关注的研究热点。较热门的主题有以下 3 个——主题 2（智慧图书馆内涵）、主题 3（智能技术）和主题 4（智慧图书馆建设现状与未来规划），这 3 个主题的文献占比超过 10%。以下对上述 5 个热点主题进行解读。

- 个性化服务。智慧图书馆的本质是"以人为本"，旨在实现借还、检索、咨询、空间等服务模式的转型，为用户提供更优质、高效的服务。图书馆蕴藏丰富的数据，如文献资源、借阅信息、浏览记录、活动轨迹等数据，通过知识图谱工具、大数据技术挖掘学科的研究热点和读者的阅读热点，实现智能采选纸本资源、电子资源，优化馆藏资源分布。在"智慧图书馆"时代，要延续资源共享的理念，构建知识共同体，加强知识资源的网络组织融合，提升图书馆资源服务水平。依托用户画像、机器学习、SoloMo 等技术，进一步挖掘读者的兴趣偏好并向其推荐图书、期刊、知识等资源，满足读者个性化、精准化的服务需求。

- 学科服务。高校图书馆是为人才培养和科学研究提供学科服务的学术性机构。智慧化学科服务是信息服务、知识服务的高级阶段，是智能技术、图书馆业务与学科馆员智慧三者结合的产物。通过传统学科服务向智慧化学科服务的转型升级，提升高校图书馆为"双一流"建设提供信息、数据、知识保障的能力，借助机构知识库（Institutional Repository, IR）促进学科特色化发展，为用户在教学和科研过程中提供知识支持，有效助推"双一流"战略高度下高校综合实力的提升。

- 智慧图书馆内涵。简单来说，智慧图书馆=馆员+技术+服务，其中馆员是智慧图书馆的主体，馆员的智慧从根本上决定着智慧服务的质量和成效。人工智能、云计算、大数据等新技术的不断涌现和用户服务需求的提高，驱使图书馆打破传统，向智慧型、人性化的创新服务模式转型，这对图书馆员的信息素养和专业技能提出了新的挑战，为了向"智慧馆员"转变，图书馆员要具备使用信息技术的能力。如何发挥三大要素的最大作用，促进智慧图书馆服务效能的提升将是未来研究的重要方向。

- 智能技术。以射频识别（Radio Frequency IDentification，RFID）为代表的物联网技术正在转变图书馆的传统管理模式，如图书流通、图书定位、图书盘点、智能防盗等，使馆员工作更加高效、智能。5G 技术给图书馆智能设备的高速互联提供了条件保障，虚拟现实（Virtual Reality，VR）和增强现实（Augmented Reality，AR）与5G 融合，增强了读者在虚拟空间中的沉浸式智慧阅读体验。近年来，国内高校图书馆、公共图书馆都在积极推进下一代图书馆服务平台（Library Service Platform，LSP）的上线，以实现图书馆业务流程的优化重组，以及对图书馆纸本资源、电子资源的一体化管理。国内图书馆采用的 LSP 主要有国外的 Alma（商业）、Folio（开源）以及国内的超星（商业）三大平台，其中包括北京师范大学图书馆、上海图书馆和南京大学图书馆。

- 智慧图书馆建设现状与未来规划。未来智慧图书馆建设从技术视角转向"资源""人""空间"相融合的层面，以这三大要素为核心，构建智慧空间环境以支持用户智慧活动。关于智慧图书馆，虽然目前学界对其构建要素、架构模型、技术支撑等方面的研究较成熟，但是尚未形成科学完备的体系标准，国家图书馆也正处在积极探索阶段，因此智慧图书馆的顶层设计和战略布局需要经历漫长的探索过程。

6.6.6 主题演化历程

为了反映 2011—2022 年间 10 个主题的演化历程，对各年份每个主题对应的文献数进行统计，统计结果如表 6-4 所示。

表 6-4 各年份各主题对应的文献数统计结果

主题 ID	1	2	3	4	5	6	7	8	9	10
2011 年	0	1	1	1	0	2	0	0	0	1
2012 年	2	3	3	0	1	3	2	0	0	3
2013 年	3	6	7	3	9	2	2	1	0	5
2014 年	3	5	6	2	7	2	4	3	1	11
2015 年	6	11	5	5	5	3	3	4	4	6
2016 年	5	6	8	4	6	6	3	5	2	5

续表

主题 ID	1	2	3	4	5	6	7	8	9	10
2017 年	7	14	11	9	4	6	8	5	2	10
2018 年	25	12	13	14	4	12	11	8	5	4
2019 年	18	10	14	11	9	10	20	11	5	15
2020 年	28	14	13	16	11	11	29	22	18	13
2021 年	20	16	14	24	31	14	39	24	14	14
2022 年	4	5	1	5	4	1	2	2	3	1

主题演化图如图 6-7（见彩插）所示。

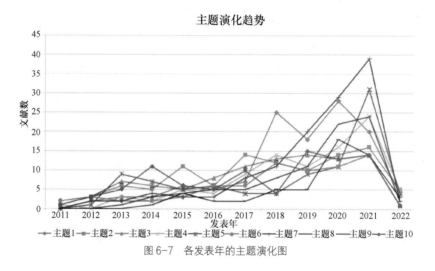

图 6-7   各发表年的主题演化图

由表 6-4 和图 6-7 可见，随着发表年的推移，除 2022 年之外，关于主题 8 的文献数持续增长，其他主题的文献数均产生过波动，而且在 2011—2017 年，文献数差异不太显著。从 2018 年起，差异较显著。2011 年是智慧图书馆的研究元年，发表的是基础性研究文献，包括主题 2、主题 3、主题 4 等。在 2013—2016 年，热度最高的主题分别是主题 5、主题 10、主题 2、主题 3。在 2017 年，主题 2 仍是热度最高的主题。在 2018—2020 年，主题 7 和主题 1 的热度较高。在 2021 年，主题 7（39 篇）和主题 5（31 篇）的热度较高，尤其是主题 5，相关文献数达到历年最高，可能与我国提出建设高质量教育体系和提升公共文化服务水平的远景目标有关。

6.7 本章小结

  本章首先对自然语言领域中的基础知识做了铺垫性的介绍，并逐步引申到 LDA 主题模型。在此基础上，采用 Python 语言的第三方软件包 scikit-learn、pyLDAvis 进行主题挖掘、可视化展示以及热点主题识别，并绘制出随文献发表年而变化的主题演化图。通过实证表明，与关键词聚类相比，LDA 主题模型的主题挖掘效果较理想，它能够挖掘潜在的细粒度信息，并且词汇间的语义关系更便于解释主题所表达的含义。

附录 A　文献计量分析的常用术语

表 A-1 列出了文献计量分析的常用术语。

表 A-1　文献计量分析的常用术语

缩写	全称	中文翻译
BCA	Bibliographic Coupling Analysis	文献耦合分析
BCAA	Bibliographic Coupling Analysis of Authors	作者文献耦合分析
BCAA	Bibliographic Coupling Analysis of Organizations	机构文献耦合分析
DCA	Document Co-citation Analysis	文献共被引分析
ACA	Author Co-citation Analysis	作者共被引分析
JCA	Journal Co-citation Analysis	期刊共被引分析
OCA	Organizations Co-citation Analysis	机构共被引分析
CAA	Co-Author Analysis	作者合作分析
CAAO	Co-Author Analysis between Organizations	机构合作分析
CCAC	Co-Author Analysis between Countries	国家合作分析
CWA	Co-Word Analysis	共词分析
CCA	Co-Citation Analysis	共被引分析

附录 B　基本科学指标

基本科学指标（Essential Science Indicator，ESI）是科睿唯安基于 Web of Science 核心合集数据库建立的深度分析型研究工具。ESI 将所有科研成果以 22 类学科划分，可以确定在各学科中有影响力的国家、机构、论文和出版物以及研究前沿。

高被引论文（highly cited paper）是指对同一年同一个 ESI 学科发表论文的被引用次数按照由高到低进行排序后，排在前 1% 的论文。

热点论文（hot paper）是指统计某一 ESI 学科最近两年发表的论文，最近两个月里被引用次数进入前 0.1% 的论文。

高水平论文（top paper）是指高被引论文和热点论文取并集后集合中的论文。

篇均被引次数（citation rate）是指按照近 10 年间各年来统计各学科每年的篇均被引次数。

学科排名（field ranking）表示近 10 年的论文总数、被引次数、篇均被引次数和高被引论文数。

附录 C 知网题录数据格式转换代码

知网 RefWorks 题录数据的原始示例文本如下。

```
RT Journal Article
SR 1
A1 邵波;许苗苗;王怡;
AD 南京大学信息管理学院;南京大学图书馆;
T1 数据驱动视野下高校智慧图书馆建设及服务规划——兼论"十四五"时期智慧图书馆发展路径
JF 图书情报工作
YR 2021
IS 01
vo 65
OP 41-46
K1 高校图书馆;智慧图书馆;数据服务;"十四五"规划
 university library;smart library;data service;the 14th five-year plan
AB [目的/意义]在科研全面数据化和"十四五"规划的背景下,高校图书馆建设方向和路径对教学和科研具有重大影响,
本文旨在提出图书馆智慧化转型的下一步落地和实践思路。[方法/过程]梳理高校图书馆发展现状,解析发展新态势,
以数据意识为出发点,尝试构建智慧图书馆在技术、服务、空间等方面的发展方案。[结果/结论]智慧图书馆的建设应
重点在智能设备、智慧服务平台和智慧空间上"下深功",此外还需在馆员角色和联盟建设上深入思考。
SN 0252-3116
CN 11-1541/G2
LA 中文;
DS CNKI
IS 01
DO 10.13266/j.issn.0252-3116.2021.01.007
```

知网题录数据转换后的文本如下。

```
AU 邵波
   许苗苗
   王怡
TI 数据驱动视野下高校智慧图书馆建设及服务规划——兼论"十四五"时期智慧图书馆发展路径
```

DE 高校图书馆；智慧图书馆；数据服务；"十四五"规划；
AB [目的/意义]在科研全面数据化和"十四五"规划的背景下，高校图书馆建设方向和路径对教学和科研具有重大影响，本文旨在提出图书馆智慧化转型的下一步落地和实践思路。[方法/过程]梳理高校图书馆发展现状，解析发展新态势，以数据意识为出发点，尝试构建智慧图书馆在技术、服务、空间等方面的发展方案。[结果/结论]智慧图书馆的建设应重点在智能设备、智慧服务平台和智慧空间上"下深功"，此外还需在馆员角色和联盟建设上深入思考。
C1 南京大学信息管理学院，JIANGSU, CHINA.
　　南京大学图书，JIANGSU, CHINA.
PY 2021
ER

知网题录数据的格式转换代码如下。

```python
f1 = open('cnki_ref.txt','r',encoding='utf-8')
lines=f1.readlines()
f2 = open('cnki_convert.txt','w',encoding='utf-8')
for line in lines:
    line = line.strip()
    str = ''
    if line.startswith('RT'):
        str = 'PT J\n'
    if line.startswith('A1'):
        authors = line.replace('A1 ','')[0:-1].split(';')
        str += 'AU ' + authors[0] + '\n'
        if len(authors)>1:
            for i in range(1,len(authors)):
                str += '   ' + authors[i] + '\n'
    if line.startswith('AD'):
        line = line.replace('AD ','')[0:-1]
        ins = line.split(';')
        str_ins = 'C1 ' + ins[0] + ', JIANGSU, CHINA.\n'
        if len(ins)>1:
            for i in range(1,len(ins)):
                str_ins += '   ' + ins[i] + ', JIANGSU, CHINA.\n'
    if line.startswith('T1'):
        str += 'TI ' + line[3:] + '\n'
    if line.startswith('JF'):
        str += 'SO ' + line[3:] + '\n'
    if line.startswith('YR'):
        str_py = 'PY ' + line[3:] + '\n'
    if line.startswith('K1'):
        str += 'DE ' + '; '.join(line.replace('K1 ','').split(';')) + '\n'
    if line.startswith('AB'):
        str += 'AB ' + line[3:] + '\n'
        str += str_ins + str_py + 'ER' + '\n'
    if str != '':
        f2.write(str)
f2.flush()
```

附录 D　CSSCI 题录数据格式转换代码

CSSCI 题录数据的原始示例文本如下。

【来源篇名】智慧图书馆中智能交互系统的研究和应用
【英文篇名】The Research and Application of Intelligent Interactive System in the Smart Library
【来源作者】李萍/郑建明
【基　　金】
【期　　刊】图书馆学研究
【第一机构】南京艺术学院
【机构名称】[李萍]南京艺术学院.图书馆/[郑建明]南京大学.信息管理学院
【第一作者】李萍.
【中图类号】G250.76
【年代卷期】2016,(110):34-38
【关 键 词】智慧图书馆/数字图书馆/交互系统/智慧服务/信息集成
【基金类别】
【参考文献】
1.臧艳辉.车联网智能交互系统设计探索.电子技术与软件工程.2014.(11)
2.张挺.基于上下文感知和 RFID 的智能交互系统.计算机工程.2008.(15)
3.崔廷馨.SNS 架构的数字图书馆系统探索.河南图书馆学刊.2012.(3)
4.徐芳.国内数字图书馆用户交互体验比较实验与分析.图书馆学研究.2014.(12)
5.徐芳.基于用户体验的数字图书馆用户交互模型构建.情报理论与实践.2015.(8)
6.周明.图书馆可视化多媒体触摸导读与查询系统研发.科技与创新.2015.(10)
7.彭艳萍.自助服务设备在图书馆的可用性研究——以广州图书馆新馆应用为例.图书馆学研究.2013.(14)
8.刘占平.并行数字图书馆系统中人机交互系统的设计与实现:学位论文.哈尔滨:黑龙江大学,2002

CSSCI 题录数据转换后的文本如下。

```
PT J
TI 智慧图书馆中智能交互系统的研究和应用
AU 李萍
```

郑建明
SO 图书馆学研究
C1 [李萍] 南京艺术学院图书馆, jiangsu, china.
　　[郑建明] 南京大学信息管理学院, jiangsu, china.
DE 智慧图书馆；数字图书馆；交互系统；智慧服务；信息集成
CR 臧艳辉, 2014, 电子技术与软件工程
　　张挺, 2008, 计算机工程
　　崔廷馨, 2012, 河南图书馆学刊
　　徐芳, 2014, 图书馆学研究
　　徐芳, 2015, 情报理论与实践
　　周明, 2015, 科技与创新
PY 2016
ER

CSSCI 题录数据的格式转换代码如下。

```python
f1 = open('cssci.txt','r',encoding='utf-8')
lines=f1.readlines()
f2 = open('cssci_convert.txt','w',encoding='utf-8')
for line in lines:
    line = line.strip()
    str = ''
    if line.startswith('【来源篇名】'):
        str = 'PT J\n'
        str_title = 'TI ' + line[6:] + '\n'
        title = line[6:]
    if line.startswith('【来源作者】'):
        authors = line[6:].split('/')
        str += 'AU ' + authors[0] + '\n'
        if len(authors)>1:
            for i in range(1,len(authors)):
                str += '   ' + authors[i] + '\n'
        str += str_title
    if line.startswith('【期    刊】'):
        str += 'SO ' + line[8:] + '\n'
    if line.startswith('【机构名称】'):
        line = line[6:].replace(']','] ').replace('.','')
        ins = line.split('/')
        ins_str = 'C1 ' + ins[0] + ', JIANGSU, CHINA.\n'
        if (len(ins)>1):
            for i in range(1,len(ins)):
                depart = ins[i][ins[i].find(']'):]
                if (ins_str.find(depart) == -1 ):
```

```
                ins_str += '   ' + ins[i] + ', JIANGSU, CHINA.\n'
            else:
                ins_str = ins_str.replace('] '+ins[i][ins[i].find('] ')+2:],'; '+
ins[i][1:ins[i].find(']')] + ins[i][ins[i].find(']'):])
        #str += ins_str
    if line.startswith('【年代卷期】'):
        str_py = 'PY ' + line[6:line.find(',')] + '\n'
    if line.startswith('【关 键 词】'):
        str += 'DE ' + line[7:].replace('/','; ') + '\n'
        str += 'AB ' + title + '\n'
        str += ins_str
    if line.startswith('【参考文献】'):
        str +='CR '
    if line.startswith('1')  or line.startswith('2')  or line.startswith('3')  or
line.startswith('4')   or   line.startswith('5')   or   line.startswith('6')   or
line.startswith('7'):
        if len(line.split('.')) < 5:
            continue
    if line.startswith('1') and int(line.split('.')[0]) == 1:
        str += line.split('.')[1] + ', ' + line.split('.')[4] + ', ' + line.split('.')[3]
+ '\n'
    if line.startswith('1') and int(line.split('.')[0]) > 1 or line.startswith('2') or
line.startswith('3')   or   line.startswith('4')   or   line.startswith('5')   or
line.startswith('6'):
        str += '    ' + line.split('.')[1] + ', ' + line.split('.')[4] + ', ' +
line.split('.')[3] + '\n'
    if
line.startswith('-------------------------------------------------------------------
---'):
        str += str_py + 'ER' + '\n'
    if str != '':
        f2.write(str)
f2.flush()
```